Diana Marossek

Kommst du
Bahnhof
oder hast du Auto?

Warum wir reden,
wie wir neuerdings reden

Hanser Berlin

1 2 3 4 5   20 19 18 17 16

ISBN 978-3-446-25077-2
© Hanser Berlin im Carl Hanser Verlag München 2016
Alle Rechte vorbehalten
Satz: Greiner & Reichel, Köln
Druck und Bindung: GGP Media GmbH, Pößneck
Printed in Germany

Für alle, die mit wachen Sinnen
durchs Leben gehen

Und für Gül

Inhalt

Hallo Kurzdeutsch

»Lan, guck nisch so, Kartoffelfresse«, schleudert Paul seinem besten Freund Tom entgegen. Beide sind keine Straßenrüpel, sondern ganz normale Jugendliche von nebenan. Nicht nur die Begrüßung mag auf den ersten Blick etwas befremdlich wirken. Wenn man ihnen weiter zuhört, begegnen einem noch mehr Kuriositäten à la »Gehst du heute Fußball?« oder »Er hat Tor geschossen«. Was noch kurioser ist: Erst gestern hat mich die Frau am Tankstellentresen, die vom Alter her locker meine Mutter hätte sein können, gefragt: »Wollen Sie erst bezahlen oder erst Toilette?« Ich wette, Sie haben selbst schon mal mitbekommen, dass der Kollege kurz »Kopierer geht« oder die neue Praktikantin »mal eben Bäcker huscht«. Da drängt sich einem schon etwas die Frage auf, was eigentlich mit der deutschen Sprache los ist, wenn anstelle von korrekten, vollständigen Sätzen immer öfter nur noch derlei merkwürdige Kurzversionen zu hören sind.

Genau dieser Frage will ich im vorliegenden Buch nachgehen. Bei unserem Rundgang durch die neuesten Entwicklungen der deutschen Umgangssprache blicken wir hinter die Kulissen dieses Sprachtrends und suchen seine Ursprünge. Wir unternehmen Abstecher in die Jugend- und die Stadtsprache und betrachten genauer, ob bzw. auf welche Weise das zunehmend internationale Mit- und Nebeneinander in unseren Städten unseren alltäglichen Sprachgebrauch beeinflusst. Am Ende, so hoffe ich, werden Sie viele Eigen-

9

heiten der Sprache, die Sie wahrscheinlich (fast) jeden Tag um sich herum hören, besser einordnen können.

Den Spuren der Sprache nachzugehen ist alles andere als langweilig oder abstrakt: Wir haben es hier nämlich durchweg mit echten Sprechern und echten Dialogen zu tun.

Alles, was Sie auf den folgenden Seiten lesen werden, ist genau so gesprochen worden, wie es da steht. Und zwar von Sprechern, die gar nicht wussten, dass sie Teil meines Forschungsprojekts waren. Um niemanden bloßzustellen oder vorzuführen, habe ich selbstverständlich alle Namen geändert. Rückschlüsse auf die realen Personen sind also so gut wie ausgeschlossen. Sollten Ihnen dennoch einige Dialoge bekannt vorkommen, wäre das reiner Zufall oder schlicht der Tatsache geschuldet, dass die geschilderten Gesprächssituationen mittlerweile oft schon Alltag sind. Übrigens: Falls Sie in Ihrem Umfeld mal etwas hören, das Ihnen nach der Lektüre vertraut oder, noch besser, seltsam vorkommt: Lassen Sie es mich gerne wissen. Ich sammle fleißig weiter Belege und Beispiele für die Vielfalt und Wandelbarkeit der deutschen Sprache. Und wer weiß: Vielleicht haben Sie ja gerade den ersten Hinweis auf eine neue phänomenale Weiterentwicklung unserer Sprache entdeckt …

Wie alles begann

Hätte mir früher einmal jemand gesagt, dass ich mich leidenschaftlich mit der deutschen Sprache befassen würde, anstatt eine gefeierte Schauspielerin oder Vorsitzende einer Tierschutzorganisation zu werden, hätte ich denjenigen glatt für verrückt erklärt. Trocken und langweilig stellte ich mir Sprachforschung vor. Verstaubte, alte Bücher und ein dunkles, einsames Büro. Aber es kommt im Leben ja bekanntlich oft anders, als man denkt.

Alles begann mit einem einzigen Satz in einer beschaulichen Einfamilienhausgegend im Norden von Berlin. Selbstgebaute oder selbstgeerbte Häuser, hübsch gepflegte Gärten und Garagen für ein oder zwei Familien und ein oder zwei Autos. Am S-Bahnhof, wie es sich gehört, der eine oder andere Supermarkt, Discounter, Blumenladen, Bäcker, Lottoladen, Chinaimbiss und Frisör. Alles, was man halt so braucht. Hier wohnt, wer zu viel von Stadt und Miete hat und sich nach dem Auslaufen des Bausparvertrags endlich aus dem städtischen Trubel rausziehen kann, hinein ins grüne Eigenheim. Hier geben sich der Spanischprofessor und der Diplom-Ingenieur die Hand, es grüßen sich Elektrofachinstallateur und Naturheilpraktikerin – eine beliebte Gegend für frisch examinierte Anwälte und Arztfamilien mit Hund, denen der Süden der Hauptstadt zu piefig oder einfach zu teuer ist.

Mittendrin meine Eltern, selbstverständlich auch mit Garage und Hund, meine jüngere Schwester und ihre besten

Freunde, die im Garten grillen und chillen und über ihre weiteren Pläne sprechen.

Plötzlich fällt er, der Satz, der mein Leben grundlegend ändern sollte:

»Kommst du nachher eigentlich mit Kino?«

(Kurzes Zucken in meinem Kopf.)

»Ich dachte, wir wollen was trinken gehen.«

Was war das denn?, fragte mich mein Sprachgefühl. Wir gehen doch mit *ins* Kino, oder?

»Wir waren letzte Woche doch schon Kino. Aber lass mal Palmbeach gehen. Da is Happy Hour.«

»Mir egal, wie ihr wollt, ich geh erst mal Klo.«

Da war es also immer noch. Ja, ich habe richtig gehört. Den ganzen Abend über und an den darauffolgenden Tagen der Sommerferien begegnen mir ständig »Ich geh Schwimmbad«, »Ach was, ich lauf Bahnhof«, »Kein Problem, ich geh mal kurz Netto«, »Wir fahren See«.

»Bäääm, Kopffick«, würde es einer meiner späteren Probanden an dieser Stelle treffend im jugendsprachlichen Stil ausdrücken – ich war ganz schön verwirrt. Wieso reden die denn so? Bis zu diesem Zeitpunkt war mir die Sprache meiner Mitmenschen, abgesehen von wenigen, besonders markanten Auffälligkeiten wie zum Beispiel »Kannste mal nach die Hunde gucken«, weitgehend egal gewesen. Schließlich steckte ich gerade mitten im BWL-Studium und befasste mich mehr oder weniger leidenschaftlich mit Kostenrechnung und den Produktionsfaktoren Arbeit, Boden und Kapital statt mit Satzstellungen, Artikeln und Präpositionen. Aber diese neue Sprachstruktur machte etwas mit mir, das mich nicht losließ.

Nicht nur der Satzbau, sondern auch die Tonlage und die Länge der Worte waren für mich vollkommen ungewohnt. Es hörte sich nach so etwas wie »Türkendeutsch« an. So nannte ich diesen Stil zunächst aus Unwissenheit. Als ich mir dazu mehr und mehr Gedanken machte, war mir natürlich klar, dass es nun nicht weiter überraschend ist, dass junge Menschen, die heute beispielsweise in der Schule oder ihrem Wohnviertel regelmäßig mit unterschiedlichen Kulturen in Berührung kommen, auch ihre Sprache anpassen. Aber in dem von mir geschilderten Fall war das nicht so: An der Schule meiner Schwester und ihrer Freunde sowie in unserer Wohngegend tendierte die Anzahl der Mitmenschen mit ausländischen Wurzeln gegen null. Auch in ihrem Freundeskreis war das nicht anders – weit und breit so gut wie keine Nachbarn, Verwandten, Mitschüler oder Halbgeschwister mit Migrationshintergrund.

Noch konnte ich mir das Phänomen nicht so recht erklären. Immerhin war ich fortan sensibilisiert und hörte nun zwar nicht ständig, aber regelmäßig in der S-Bahn, beim Bäcker und eigentlich überall, wo ich hinging, Sätze und Formulierungen wie »Kommst du mit Schule?« oder »Geht ihr auch Spielplatz?«.

Seltsamerweise sah kein Mensch einen Anlass, derlei verkürzte Sätze zu korrigieren. Entweder fiel es keinem auf, oder die Leute nahmen es einfach so hin. Mehr noch: Selbst bei Erwachsenen konnte ich diese Sprechweise beobachten! So habe ich einmal bei einem dieser lästigen, aber leider notwendigen Behördengänge folgenden Dialog miterlebt, während ich gelangweilt in der Warteschlange vorm Schalter stand:

Frau A: Guck mal Rucksack. Da muss es drin sein.

Frau B: Nein, ist nichts da.

Frau A: Sicher? Und bei dir? Deine Tasche? [Wühlen in den Taschen]

Frau A: Mann. Wo ist Formular?

Irgendwann fanden sie dann doch das als Ziehharmonika in der Tasche zusammengeknüllte Formular und schoben es der säuerlich dreinschauenden Bürgerbeamtin über den Tresen. Diese wiederum blaffte ihre Kollegin mit den Worten »Hast du Tacker gesehen?« an und setzte nach deren verneinender Antwort noch ein »Hast du wenigstens Locher oder so?« drauf. Sogar den Ämtern ist diese neue Umgangssprache nicht fremd!

Auch an meinem Arbeitsplatz fiel mir auf, dass meine Kollegin Anna mir ständig Fragen stellte wie »Ach schön, warst du Frisör?«.

Das Ganze ließ mir keine Ruhe mehr: Was hatte es zu bedeuten, dass auf einmal alle wie der Komiker Kaya Yanar in seiner Fernsehsendung *Was guckst du?* redeten?

Nach meinem BWL-Studium schloss ich ein Masterstudium im Bereich Kommunikation und Sprache an. Dabei belegte ich eher zufällig einen Kurs zur Soziolinguistik, der just das zum Thema hatte, worüber ich seit Monaten nachdachte: Sprache im sozialen Kontext. Mit zunehmender Begeisterung nahm ich all die Themen und Methoden auf und setzte mir schließlich in den Kopf, nach einer Erklärung dafür zu suchen, warum das vermeintliche »Türkendeutsch« in ganz Deutschland quer durch alle Altersgruppen so angesagt war.

Ich hatte in der Soziolinguistik endlich meine Berufung

gefunden und wollte nun im Rahmen einer Doktorarbeit dem Phänomen der verkürzten Sprache nachgehen.

Eine Studie musste her

Bevor ich mich euphorisch in die Feldforschung begab, musste ich allerdings klären, ob überhaupt schon mal jemand das »Problem« beschrieben hatte. Und wenn ja, mit welchem Ergebnis. Wie sich herausstellte, gab es unzählige Studien zur Sprache der überwiegend türkischen Gastarbeiter, die seit 1960 in die Bundesrepublik gekommen waren. Darüber hinaus fand ich etliche Untersuchungen zu den Sprechgewohnheiten ihrer Kinder und Enkel. Diese kamen meiner Fragestellung schon relativ nahe: Mir schien, als müsste die türkisch gefärbte Art, Deutsch zu sprechen, irgendwie mit der multikulturellen Lebensweise in unseren Großstädten zu tun haben. Bei den bisherigen Studien ging es aber vor allem darum, wie Menschen mit ausländischen Wurzeln die deutsche Sprache erlernten und benutzten. Noch keiner hatte sich konkret die Auswirkungen des Einwandererstils auf die deutschen Muttersprachler angeschaut.

Doch wie stellt man so was an? Ich konnte ja schließlich nicht einfach Leute befragen, warum sie so sprachen, wie sie sprachen. Die meisten hätten mich wohl verdutzt, wenn nicht sogar verärgert angesehen. Keiner mag Klugscheißer. Laboraufnahmen? Zu künstlich. Während ich darüber nachdachte, hatte ich einen ersten Gesprächstermin mit meinem Doktorvater, bei dem ich gleich einen Dämpfer verpasst bekam. Rein fachlich natürlich.

»Wo liegt denn Ihr eigentlicher Untersuchungsschwerpunkt?«, wollte er von mir wissen. »Was genau wollen Sie erforschen? ›Türkendeutsch bei Deutschen‹ ist keine wissenschaftliche Beschreibungsgröße, sondern eher eine Diskriminierung.« Damit hatte er leider recht.

Reichlich verunsichert setzte ich mich nach dem Gespräch in das nächste Café und versuchte, meine Gedanken zu ordnen und zu Papier zu bringen. Zwar wurde darüber mein Kaffee kalt, aber dafür wurde mir nun etwas klarer, was genau ich untersuchen wollte: Woher kommt der verkürzte Satzbau? Und wer sind die Sprecher? Was mich ursprünglich auf das Thema gebracht hatte, sollte der Kern meiner Arbeit werden – das Auslassen von Wortkombinationen aus Präposition und Artikel wie beispielsweise »zum«, »ins«, »ans« und »zur«. Wir Linguisten nennen diese Kombinationen »Kontraktion«. Das Weglassen nannte ich fortan »Kontraktionsvermeidung«, die davon geprägte Art zu sprechen »Kurzdeutsch«.

Kurzdeutsch

Die Bezeichnung Kurzdeutsch wählte ich deshalb, weil es sich um ein Phänomen handelt, bei dem es um Verkürzungen im allgemeinen Sprachgebrauch geht. Wie wir später sehen werden, gesellen sich dazu noch weitere Sprachphänomene, die alle zusammen diese neue Umgangssprache bilden.

Ein paar Tage nach meinem Heureka-Moment im Café traf ich mich mit Sarah, einer Kommilitonin. Ich erzählte ihr von dem anfangs frustrierenden Termin mit meinem Professor und meiner spitzenmäßigen Lösung. Mitten im Gespräch rief meine Freundin Yvonne an, die wissen wollte, was ich an dem Tag noch so vorhätte. Ich fragte zurück: »Bist du mit Fahrrad, mit Auto oder Bahn?«

Kaum hatte ich aufgelegt, prustete Sarah los: »Ihr Berliner seid so lustig! Ich werde mich wohl nie an eure komische Sprache gewöhnen – ›Ich bin mit Auto‹, ›Bist du mit Fahrrad?‹.«

Ich wusste nicht gleich, wie ich damit umgehen sollte. Mich ärgern? Mitlachen? Sie ignorieren? Bis Sarah mich schließlich vollends verwirrte, indem sie »Ich bin auf Arbeit« als die schlimmste aller Berliner Redensarten bezeichnete.

»Wie sagt man das denn bei euch?«, fragte ich halb naiv, halb verdutzt. »Na, ›Ich bin auf der Arbeit‹ oder ›Ich bin bei der Arbeit‹«, antwortete Sarah immer noch lachend.

Mein mittlerweile ganz auf Linguistik programmiertes Gehirn begann zu arbeiten. Später, auf dem Weg zu Yvonne, spukten mir die ganze Zeit diese Formulierungen im Kopf herum: »Ich bin auf Arbeit«, »Bist du mit Auto?« – alles Ausdrucksweisen, mit denen ich aufgewachsen bin und von denen ich nie vermutet hätte, dass sie jemand als seltsam oder gar inkorrekt bezeichnen könnte.

Ich vermutete eine typische Eigenheit der Berliner Stadtsprache und stieß bei meinen Recherchen in der Bibliothek auf ein Buch über das Berlinerische. Volltreffer: »Ich bin auf Arbeit« ist wirklich eine lokaltypische Grammatikverkürzung. Noch viel interessanter aber fand ich die Tatsache, dass diese Verkürzung, die es schon jahrzehntelang zu geben scheint, Ähnlichkeiten mit dem »Fehler« aufwies, den ich mit dem vermeintlichen Türkendeutsch in Verbindung brachte. Im Verlauf meiner weiteren Recherchen stellte sich außerdem heraus, dass dieser Hang zum Verkürzen wohl ein allgemeines stadtsprachliches Phänomen ist. Nicht nur Berliner, sondern beispielsweise auch die Bewohner des Ruhrpotts kennen ähnliche Satzkonstruktionen, die wesentlich älter sind als jene, die mit möglichen Einflüssen der schon angesprochenen Arbeitsmigration auf die Umgangssprache zusammenhängen.

Nun war ich erst recht neugierig geworden! Ich hatte jetzt also zwei interessante Ansatzpunkte, von denen aus ich meine Erkenntnisse zum Kurzdeutsch entwickeln konnte: zum einem die Kontraktionsvermeidung, die sich wie Türkendeutsch anhört, zum anderen die Stadtsprachen, die ganz ähnlich klingen. Gibt es da vielleicht weitere Gemeinsamkeiten? Das wollte ich mittels einer Feldstudie, die die echte Sprachwelt abbildet, herausfinden.

Ab ins Feld

Inspiriert von William Labov, dem Urvater der Soziolinguistik, entwickelte ich schließlich mein Konzept. Labovs Studien waren in den 1960er Jahren weltweit etwas ganz Besonderes gewesen, weil er diese nicht, wie sonst üblich, im Sprachlabor mit ausgewählten Versuchsteilnehmern durchführte, sondern die Sprache gewissermaßen undercover im ganz normalen Alltag der Menschen untersuchte. So konnte er zusätzlich beobachten, wie seine Probanden in einem bestimmten Umfeld sprachen.

Die Daten für seine bahnbrechende Studie über die Aussprache des Buchstaben *r* in dem Ausdruck »fourth floor« (»vierter Stock«) erhob er in verschiedenen New Yorker Kaufhäusern mit unterschiedlichem Preisniveau. Er gab sich als ganz normaler Kunde aus und ließ sich vom Verkaufspersonal beschreiben, wo eine bestimmte Ware zu finden sei, von der er wusste, dass sie in der vierten Etage ist. Die Verkäuferinnen und Verkäufer antworteten dann mit »fourth floor«. Je nachdem, ob sie es mit oder ohne *r* aussprachen, konnte Labov Rückschlüsse auf das soziale Umfeld der Kunden und der Angestellten ziehen. Je höher das soziale Niveau, desto häufiger wurde das *r* mitgesprochen und umgekehrt. Seine Ergebnisse übertrug Labov später erfolgreich auf die Gesamtbevölkerung New Yorks.

Was für Labov die Kaufhäuser waren, sollten für mich zuerst einmal die Schulen werden. Davon ausgehend wollte ich mich dann später mit den Alltagssituationen der Erwachsenen beschäftigen.

In den Schulen fand ich, schön »vorsortiert« in Gymnasium, Gesamtschule, Realschule und Hauptschule, zahlreiche Sprecher unterschiedlicher Herkunft und aus unterschiedlichen sozialen Schichten. Da der Schulbesuch für die Jugendlichen Pflicht ist, konnte ich davon ausgehen, dass die späteren Forschungsergebnisse einen guten Querschnitt durch die Gesellschaft repräsentieren. Und weil der strukturierte Schulalltag sowohl den formellen Unterricht als auch informelle Pausen umfasst, lassen sich verschiedenste Menschen in unterschiedlichen Situationen beim Sprechen beobachten. Mit einem Mitschüler wird schließlich anders geredet als mit einem Lehrer oder einer Rektorin.

Natürlichkeit war die wichtigste Voraussetzung, die meine Studie erfüllen musste. Nichts hätte mehr geschadet als manipulierte oder bewusst herbeigeführte Ergebnisse. Folglich musste auch ich verdeckt ermitteln, damit sich keiner der Versuchsteilnehmer meinetwegen verstellte. Wie macht man das am besten? Ich muss zugeben, dass ich mich dabei nicht nur von William Labov, sondern auch von Günter Wallraff inspirieren ließ: Ich beschloss, mich als angehende Lehrerin zu tarnen. Referendare waren schon zu meiner Schulzeit vollkommen uninteressant gewesen, und ich spekulierte darauf, dass sich das nicht geändert hatte. So weit der Plan. Jetzt mussten nur noch genügend Schulen mitmachen.

Mein Ziel war es, in jedem Berliner Teilbezirk mindestens eine Schule zu untersuchen. Dabei war mir eine gleichmäßige Verteilung der schon genannten Schultypen sehr wichtig. Am Ende standen auf meiner Liste 30 Schulen in ganz Berlin, die ich jeweils einen ganzen Schultag lang in den 8. und 10. Klassen besuchte. Diese Klassen habe ich in der Hoffnung gewählt, einen Unterschied in der Persönlichkeitsentwicklung feststellen zu können. Während sich die jüngeren Schüler noch in einer starken Orientierungsphase bezüglich ihrer Zugehörigkeit befinden, habe ich erwartet, dass das Persönlichkeitsbild und die eigene Identität bei den älteren schon etwas weiter und gefestigter sind.

Insgesamt sollte ich auf diese Weise 1395 Schülern in 78 Unterrichtsstunden und wahrscheinlich noch mal doppelt so vielen auf den Pausenhöfen beim Sprechen zuhören. Akribisch dokumentiert und ausgewertet, hat das am Ende eine solide Doktorarbeit von 400 Seiten ergeben – eine der größten Sprachstudien in Deutschland und die bislang einzige zum aktuellen Wandel der deutschen Umgangssprache.

Endlich war es so weit. Ganz aufgeregt kam ich in die erste Schule, eine Hauptschule in Berlin-Wedding. Fast zitternd stellte ich mich zu Beginn des Unterrichts vor: »Hallo, ich bin Diana und ich möchte einmal Lehrerin werden, deshalb hospitiere ich heute bei euch.« Ich erntete einen mitleidigen Blick, einen Lacher, und der Rest der Klasse ignorierte mich. Das war meine Eintrittskarte in die neue Sprachwelt.

Kontraktionsvermeidung

Es ist Freitag, und die 22 Schüler der 8. Klasse einer Realschule sitzen lustlos und gelangweilt an ihren Tischen. Eigentlich hängen sie mehr – einige haben Mühe, die Augen offen zu halten, und stützen den Kopf auf ihre Unterarme. Andere haben den Kampf gegen die Schwerkraft aufgegeben (oder nie begonnen) und legen die Köpfe oder sogar die Füße auf die Kopien, die die Deutschlehrerin gerade ausgeteilt hat. Auf den Blättern ist der Schluss der Geschichte »Der Fischer und seine Frau« abgedruckt. Einige lesen, andere malen, wieder andere verfolgen mit den Augen die dicke Fliege, die an der Decke ihre Kreise zieht, als würden sie sie um ihre Freiheit beneiden. Außer leisem Rascheln und dem Summgeräusch des Insekts ist nichts zu hören. Umso deutlicher sticht das plötzliche Flüstern von Marco und Ali heraus. Marco ist ein Schnellleser, er hat den Text verstanden und weiß, worum es geht. Der große Schüler mit dem markanten Gesicht und den stechend blauen Augen gehört zu denen, die sichtlich angespannt die Fliege betrachten. Mit seinem Basecap und der großen weißen Sportjacke ist er viel zu warm angezogen. Sein Banknachbar Ali wiederum, dünn und fast zierlich, vibriert förmlich vor Energie. Das ist vermutlich auch der Grund, warum er sich einfach nicht auf den Text konzentrieren kann und vom Thema ablenkt:

Ali: Verstehst du Text, Mann?

Marco: Klar, Mann, is doch leicht: Typ geht Wasser und is tot. Seine Alte is traurig.

Ali: Aber wieso geht er denn Wasser? Hast du Essen?

Marco: Nee, aber ich gehe dann Döner.

Jenny: Haltet die Fresse, ich will Text lesen.

Fatma: Ja, echt. Das ist ja wie Kindergarten mit euch.

Jenny: Schlimmer als Kindergarten. Man denkt, ihr kommt Klapsmühle.

Ali: Was ist Klapsmühle?

Marco: Krankenhaus für Durchgeknallte.

Jenny: Alter, Ali, wieso gehst du Schule, wenn du so dumm bist?

Ali: Weil ich Schule muss. Wenn ich nicht Schule müsste, wäre ich froh.

Lehrerin: Was bezweckt der Mann, als er sagt, dass er ans Wasser will?

Ali: So ein Assi, sagt, er geht Wasser. Ich wäre Bar gegangen oder so.

Marco: Du Spast, was soll er denn Bar? Die Geschichte is Mittelalter, Mann!

Unur: Der Mann will gar nicht Wasser, er will nur kuscheln oder so.

Lehrerin: Sehr gut. Was meinst du, Jenny? Warum will er ans Wasser?

Ali: Weil er behindert is. Der soll mal Krankenhaus!

Lehrerin: Ich habe Jenny gefragt, Ali. Nicht dich.

Marco: Alter, er mischt sich immer ein. Er sollte mal Krankenhaus gehen.

Lehrerin: Marco, bitte! Jenny!

Jenny: Also ich denke, dass er Meer geht, weil er so alleine ist. Und seine Frau Abendessen immer weg ist.

Es klingelt förmlich in meinen Ohren, und ich bin plötzlich hellwach, denn derart geballt habe ich jenes Phänomen noch nie gehört, das mir seinerzeit beim Grillen im Garten erstmals aufgefallen war: Das, womit wir es hier zu tun haben, nenne ich »Kontraktionsvermeidung«.

Kurz und gut?

Das Wort »Kontraktion« lässt sich als eine Form der sprachlichen Verkürzung definieren. Im Rahmen meiner Untersuchungen bedeutet Kontraktion, dass die beiden Satzbauelemente Präposition und Artikel zu einem Wort verschmelzen. Statt zu sagen, dass der Mann »an das Wasser« geht, ist es für jeden einfacher, dabei jedoch genauso verständlich, zu sagen, dass er »ans Wasser« geht.

Hier noch ein paar Beispiele für eine derartige Kontraktion:

Anni geht in das Kino.   oder   *Anni geht ins Kino.*

Marek will zu dem Bahnhof.   oder   *Marek will zum Bahnhof.*

Karl muss auf das Klo.   oder   *Karl muss aufs Klo.*

Beide Varianten, sowohl die linke ungekürzte als auch die rechte gekürzte, gelten in der deutschen Grammatik als korrekt. Ob nun die eine oder die andere Version verwendet wird, macht weder in der Schriftsprache noch in der gesprochenen Umgangssprache einen Unterschied. Auch wird, soweit mir bekannt ist, keine der beiden als »besseres Deutsch« angesehen. Die Akzeptanz in der Gesellschaft ist für beide Varianten gleich hoch.

Marco erklärt nun also, dass die Frau von dem »Typen« traurig ist, weil er ins Wasser gegangen ist: »Typ geht Wasser und ist tot.« Man erkennt unschwer, dass hier etwas fehlt. Die Kontraktion »ins« hat es nicht in den Satz geschafft. Just das ist eine Kontraktionsvermeidung: Präposition und Artikel werden komplett weggelassen, egal ob in der ausgeschriebenen Form mit zwei Wörtern (»in das«) oder in der kontrahierten Form (»ins«). So auch in diesen Beispielen:

Anni geht ins Kino.   wird zu   *Anni geht Kino.*

Marek will zum Bahnhof.   wird zu   *Marek will Bahnhof.*

Aus den Vier- bzw. Fünf-Wort-Sätzen werden also vereinfachte Drei-Wort-Sätze. Wir kennen solche grammatisch unvollständigen Kurzsätze ansonsten aus dem sogenannten Foreigner Talk.

»Foreigner Talk« ist ein englischer Fachbegriff aus der Linguistik und beschreibt die Kommunikation zwischen einem Muttersprachler und einem Nicht-Muttersprachler oder zwischen zwei Nicht-Muttersprachlern. Dabei wird die Sprache so stark vereinfacht und reduziert, dass Sätze auch mit rudimentärsten Kenntnissen zu verstehen sind und sich die Gesprächspartner auf diese Weise verständigen können. Ein klassisches Muster dafür ist die Satzabfolge Subjekt-Verb-Objekt, wie es in den letzten beiden Beispielsätzen mit Anni und Marek zu finden ist. Sprachwissenschaftler gehen davon aus, dass es im menschlichen Gehirn eine Art Grundstruktur gibt, die in so gut wie jeder Sprache Anwendung findet, so dass sich zwei Menschen unterschiedlicher Herkunftssprache relativ schnell nach einem Minimalmuster verständigen können. Ein Satz wie »Anni geht Kino« wäre demnach typisch für jemanden, der die deutsche Sprache unstrukturiert, also beispielsweise ohne Sprachunterricht, erlernt.

Überall

Die Kontraktionsvermeidung wird nun interessanterweise von allen Schülern der eingangs beschriebenen Klasse ausnahmslos verwendet, egal, ob männlich oder weiblich, ob deutscher oder anderer Herkunft. Sogar Marco und Jenny, die als deutsche Muttersprachler die richtige grammatische Struktur kennen müssten, bedienen sich wie alle anderen Schüler der kürzeren Form ohne Präposition und Artikel. Ebenfalls interessant und etwas verwunderlich ist, dass die Deutschlehrerin offenbar keine Veranlassung sieht, ihre Schüler zu korrigieren. Tatsächlich kam es später in anderen Klassen sogar vor, dass die Lehrkraft selbst kontraktionsvermeidend redete.

Die Schulstunde hat mir gezeigt, dass es sich wohl um mehr als nur um einen »Fehler« handeln muss. Denn dazu haben die Schüler die Kontraktionsvermeidung viel zu selbstverständlich eingesetzt. Mangelnde Sprachkompetenz reicht als Erklärung jedenfalls nicht mehr aus.

Nach dem Unterricht bin ich – ziemlich geschafft vom vielen Zuhören, Beobachten und Aufschreiben – auf meinem Weg nach Hause, als ich in der Nähe des S-Bahnhofs an einem Supermarkt vorbeikomme und beschließe, meine letzten verbliebenen Kräfte für die Beschaffung eines Abendessens zu mobilisieren. Das Wochenende steht vor der Tür, und so bin ich eine von vielen, die mit dem Einkaufswagen durch die Gänge kurvt. Während ich zusammensuche, was ich so brauche, fallen mir zwei Frauen auf, die angeregt über Teesorten diskutieren. Es sieht so aus, als seien sie befreundet oder zumindest Kolleginnen. Der Wortwechsel der beiden macht mich deshalb hellhörig, weil ihre Sprache so gar nicht zu ihrem Erscheinungsbild passen will.

Susanne und Katja, wie ich die beiden nennen möchte, sind etwa Ende dreißig; das kann auch ihr Mittzwanziger-Kleidungsstil nicht kaschieren. Susanne hat mittellanges, blondes Haar und trägt helle, kurze Hosen. Ihre Armreifen klappern beim Sprechen unentwegt. Katja hingegen hat kurzes, dunkles Haar mit vereinzelten blauen Strähnen und trägt unauffällige, lange Kleidung; umso stärker fallen die zahlreichen Piercings in ihrem Gesicht auf. Die beiden Frauen sind so in ihr Gespräch vertieft, dass die vielen anderen Menschen im Supermarkt für sie nicht zu existieren scheinen. Einige hektische Feierabendeinkäufer und Mütter mit Kinderwagen mögen sich an dieser Achtlosigkeit stören, als sie vergeblich versuchen, an den beiden vorbeizukommen; mir dagegen ermöglicht dieser Mangel an Rück-

sicht, unbemerkt eine natürliche Sprechsituation zu belau-
schen.

Katja: Boah, das ist doch mal 'ne Sorte. Die sollten wir Büro
haben. Und nich nur diesen Kamillentee. Ich bin ja nich krank.

Susanne: Schlimmer is Fenchel oder kalter Pfeffitee. Den
musste ich als Kind immer Krankenhaus trinken. Lieber was
mit Vanille und so. Das ist doch viel besser als Kräuterzeug.
Hab ich dir eigentlich erzählt, dass Robert und ich Genf
fliegen?

Katja: Was, nun doch? Was is mit Maria? Kann die nich?

Susanne: Doch schon, aber sie will mehr Zeit für ihre Family
und so. Da sind ihr drei Tage zu lang. Guck mal hier, mit
Lavendel.

Katja: Was sagt Mark, wenn du und Robert drei Tage Genf
seid? Ist der nicht eifersüchtig? Ich meine ja nur.

Susanne: Ach, das ist mir egal. Wenn er mit seinen Kumpels
Fußball geht, fragt er mich ja auch nicht. Hier guck mal, der
hier heißt ›Frecher Flirt‹. Passt ja. Den nehm ich und den mit
Entspannung. Ich mag zwar kein' Roiboos, aber da is ja noch
was anderes drin.

Katja: Na ja, musst du wissen. Alex würde nie wieder mit mir
reden, wenn ich so was mache. Der mit Brombeere und Kir-
sche sieht lecker aus.

Susanne: Wir machen ja nichts. Wir fahren nur Genf. Mehr nicht.
So, ich nehm die jetzt alle. Kann die Trulla ihren Kamillentee
selbst trinken. Wir haben den leckeren.

Abgesehen von dem amüsanten Wechsel zwischen einem
sich anbahnenden ernsthaften Beziehungsproblem, das in

einem Seitensprung auf einer mutmaßlichen Geschäftsreise seinen Höhepunkt finden könnte, und dem belanglosen Auswählen eines neuen Tees, finde ich dieses Gespräch auch aus einem anderen Grund höchst bemerkenswert: Ich habe hier zwei erwachsene Frauen vor mir, und trotzdem kommt es mir so vor, als säße ich wieder zwischen all den Halbwüchsigen im Klassenzimmer von eben. In jedem Satz fehlt die Kontraktion – »Wir fahren nur Genf«, »Den musste ich immer Krankenhaus trinken« usw.!

Früher wäre mir, wenn ich den beiden überhaupt zugehört hätte, wohl nur aufgefallen, dass sie das Wort »family« anstelle von »Familie« benutzen, wie es übrigens viele tun. Noch ganz im Feldforschungsmodus konnte ich bei dieser geballten Ladung Kurzdeutsch einfach nicht weghören. Warum sprechen Katja und Susanne so – und woher haben sie das? Diese Fragen beschäftigen mich so sehr, dass ich mit meinem Einkaufswagen erst mal einer jungen Frau mit Kind in die Hacken fahre.

Fahrstuhldebatte

Der Tag hat noch mehr Sprachforschungsmaterial für mich in petto. Weil ich meine Anschlussbahn verpasse und zehn Minuten warten muss, kommt mir am Bahnsteig ein weiteres Gespräch zu Ohren, in dem die Kontraktionsvermeidung ihren Auftritt hat. Drei Männer stehen vor dem Aufzug herum, trinken Bier und unterhalten sich über ihre gesundheitlichen Probleme und die aktuelle Sozialpolitik.

Ich sitze auf der wenige Meter entfernten Bank und starre

so konzentriert auf meinen Laptop, dass sie mich wahrscheinlich nicht mal bemerken. Zum Glück sprechen sie so laut, dass ich bequem mitschreiben kann.

Gustav, Michael und Jochen lehnen an der Glasscheibe des Aufzugs, achten aber darauf, dass sie die Fahrgäste nicht am Ein- und Aussteigen hindern. Sie tragen zerschlissene Kleidung in Tarnfarben, und zu ihren Füßen liegen Discountertüten voll mit Pfandflaschen und Toastbrot. Ein beißender Geruch von Bier und Urin umgibt sie. Jochen trägt an einem Arm einen Gips, der schon reichlich fleckig und an einer Seite leicht angekokelt ist. Er hat sogar im Gesicht Tätowierungen, und sein krummer Rücken ist durch die gerade geschnittene Armeejacke noch augenfälliger. Die Bierflasche in der rechten Hand, schimpft er lautstark auf das Gesundheitssystem.

Michael pflichtet ihm bei. Er hat offenbar vor kurzem wegen eines Abszesses am Bein ebenfalls ein Krankenhaus aufgesucht. Die beiden reden sich in Rage und bestätigen immer wieder die Äußerungen des anderen.

Gustav steht nur dabei, beobachtet sie, hält sich an seinem Bier fest und schaut ab und zu versonnen in die Ferne. Er hat kaum noch Haare auf dem Kopf, und tiefe Furchen durchziehen die von Sonne und Wind gegerbte Haut. Sein Hals ist noch faltiger als seine olivfarbene Kleidung, seine glasigen Augen wirken ein wenig bedrohlich. Jochen und Michael schenken ihm kaum Beachtung.

Jochen: Was ein Scheißsystem hier. Will man Arzt, is keiner da. Drei Stunden habe ich da gewartet. Nüscht.

Michael: Ja, alle quatschen se, die Pupser, und nüscht passiert.

Ich war auch mal Krankenhaus. Erst hamse mich ewig warten lassen, dann weggeschickt. Arschgeigen. Ich sollte erst Amt gehen und den Scheißwisch holen und dann wiederkomm'.

Jochen: Und inzwischen verreckste und keen interessiert's. Immer ditselbe. Ick sage dir.

Michael: Nee. Mein Bein is immer noch so. Weil se keinen OP-Termin für mich hatten. Scheiß Zweiklassengesellschaft.

Jochen: Aber Amt jagen se dich, damit se fett Kohle kriegen, diese Bonzen.*

Michael: Wat ick schon Amt war. Dit kriegste auf keine Kuhhaut, Junge.

Jochen: Aber die feinen Köter Tierarzt schleppen. Köter sind wichtiger als wir, Junge.

Michael: Du sagst es.

Keine Frage: Die sozialen Umstände der drei sind schwierig. Dennoch soll es an dieser Stelle primär um die sprachlichen Strukturen des Gesagten gehen. Die Äußerungen von Michael und Jochen sind nämlich ganz offensichtlich ein Potpourri aus stadtsprachlichen und kurzdeutschen Komponenten. Da finden sich Formulierungen mit Kontraktionsvermeidung wie »Will man Arzt, is keiner da« neben charakteristischen stadtsprachlichen Elementen wie »nüscht« (Berlinerisch für »nichts«). Im Extremfall werden beide Phänomene sogar in einen Satz gepackt, wie bei Michaels Äußerung »Wat ick schon Amt war« (Wie oft ich schon beim Amt war). Diese Mischung nehme ich bei den drei Männern zum ersten

---

* Ein Obdachloser, der eine Krankenhausbehandlung braucht, muss sich beim Sozialamt eine Bescheinigung über die Kostenübernahme ausstellen lassen.

Mal bewusst wahr. Später werde ich ihr noch häufiger begegnen.

Bisher war ich davon ausgegangen, dass jemand entweder *nur* die Stadtsprache (hier das Berlinerische) oder *nur* Kurzdeutsch spricht, aber nicht beides zugleich. Doch wie sich nun zeigt, scheinen sie sich bestens zu vertragen.

Ein weiterer spannender Aspekt bei der Unterhaltung von Michael, Gustav und Jochen ist, dass sich das Weglassen von Präposition und Artikel offensichtlich nur auf bestimmte Formulierungen beschränkt (dazu gehören in der Regel orts- und richtungsbezogene Aussagen), sonst aber keine Auswirkungen auf die Grammatik hat. Nach der wunderbaren Formulierung »Wat ick schon Amt war« fügt Michael sofort hinzu: »Dit kriegste auf keine Kuhhaut, Junge.« Abgesehen davon, dass etwas üblicherweise auf keine Kuhhaut *geht* – würde Michael durchweg die Kontraktionsvermeidung benutzen, müsste er eigentlich »Dit kriegste keine Kuhhaut« sagen, ohne die Präposition »auf«. Und würde er konsequent Berlinerisch sprechen, müsste es auch »keene« statt »keine« heißen.

Auf solche kleinen feinen Details höre ich natürlich auch. Denn der Sinn in der Sprachforschung besteht ja nicht darin, nur vage, sondern ganz genau sagen zu können, in welcher Situation welches Phänomen eintritt und in welcher nicht.

Apropos klein und fein: Da gibt es noch eine Sache, die sehr häufig im Kurzdeutsch entweder gemeinsam mit der Kontraktionsvermeidung oder alleine auftritt und für das eine oder andere Stirnrunzeln sorgt. Wir sind ihr auch schon einmal begegnet, nämlich in dem ersten Dialog dieses Kapitels. Dort weist Jenny ihre Mitschüler Ali und Marco zurecht:

»Haltet die Fresse, ich will Text lesen.« Auch hier haben wir es mit einer interessanten grammatikalischen Verkürzung zu tun: der Artikelvermeidung. Sie ist auf jeden Fall noch einen Seitenblick wert, bevor wir uns den überraschend vielseitigen Ursachen des Kurzdeutschs ausführlich widmen.

Der, die, das Artikelvermeidung

»Gib mir Ball.«

Das ist ein Satz. Jeder versteht ihn, und trotzdem hört er sich komisch an – zumindest für deutsche Muttersprachler. Das liegt daran, dass er keinen Artikel enthält. Womit wir, wie bereits angekündigt, beim nächsten Phänomen des Kurzdeutschs sind. Nicht umsonst heißt das Kurzdeutsch ja Kurzdeutsch. Wir können zwar im Fall des Beispielsatzes nicht genau entscheiden, ob es jetzt um *den* Ball oder um *einen* Ball geht, aber das scheint nicht entscheidend für die Kommunikation zu sein:

Sören: Nimm Ball an! [Schießt zu seinem Sohn]

Niklas: Schneller – gegen Abwehr. Schneller. [Läuft mit dem Fußball]

Niklas: Pass auf! Links ist Schiri. Ey, pass auf. [Thilo stößt mit dem Schiedsrichter zusammen.]

Sören: Wegen dem kriegen die Freistoß. Scheiße.

Bei dem Vater-Sohn-Fußballturnier wird kaum mal ein Artikel benutzt. Das hat nichts damit zu tun, dass die Spieler vor lauter Anstrengung ganz außer Atem sind und ihnen damit jedes Wort zu viel ist. Hier kommt vielmehr die für das Kurzdeutsch typische Artikelvermeidung zum Vorschein.

Warum müssen wir überhaupt einen Artikel benutzen, wenn wir auch ohne sehr gut verstanden werden? So oder so ähnlich scheinen einige der deutschen Muttersprachler gedacht zu haben, die ich während meiner Studie und darüber hinaus beobachtet habe. Es ist vor allem bequem und einfach (»Gib mir mal Fahrkarte!«, »Guck dir mal Kleid an« usw.). Zwar konnte ich die Artikelvermeidung nicht so häufig entdecken wie die Kontraktionsvermeidung und andere Merkmale des Kurzdeutschs, auf die wir noch zu sprechen kommen – dennoch gehört es zweifellos zum Gesamtbild des Sprachstils dazu. Schauen wir uns das Phänomen einmal genauer an.

Schon im Jahr 1880 klagte der US-amerikanische Schriftsteller Mark Twain in seinem Buch *Die schreckliche deutsche Sprache*: »Jedes Substantiv hat sein grammatisches Geschlecht, und die Verteilung ist ohne Sinn und Methode. Man muss daher bei jedem Substantiv das Geschlecht extra mitlernen. Eine andere Methode gibt es nicht. Um das fertigzubringen, braucht man ein Gedächtnis wie ein Terminkalender.«

Mit dem Problem, den richtigen Artikel – »der«, »die« oder »das« bzw. »ein« oder »eine« – bei einem Substantiv zu verwenden, schlagen sich natürlich auch heute noch alle herum, die versuchen, Deutsch zu lernen. Zwar gibt es den einen oder anderen Anhaltspunkt, aber das ändert nichts an der Tatsache, dass die Zuordnung der Artikel oft jeglicher Logik und Systematik entbehrt. Da hilft also nur Auswendiglernen – oder man lässt die Artikel einfach weg.

Letzteres passiert auch beim Kurzdeutsch. Wie wir inzwischen sehr gut wissen, benutzen es auch deutsche Muttersprachler, die, wenn man von einigen klassischen Streitfällen absieht – heißt es nun *der* oder *das* Apfelmus, *der* oder *das*

Joghurt? –, in puncto Artikel eigentlich sattelfest sein müssten. Den Verdacht, dass sie unter anderem aus Bequemlichkeit auf den Artikel verzichten, habe ich ja bereits geäußert.

Für jemanden, dessen Ausgangs- bzw. Muttersprache aber überhaupt keine Artikel kennt, stellen sie im Deutschen dagegen erst recht eine Herausforderung dar – und in diesem Fall ist es nicht weiter verwunderlich, dass die jeweiligen Sprecher dann, wenn sie Deutsch sprechen, keine Artikel verwenden.

So sind im Arabischen, einer in Deutschland sehr verbreiteten Zweitsprache, keine Artikel im deutschen Sinne vorhanden. Dort ist das Geschlecht jeweils schon in den Substantiven angelegt, so dass kein zusätzlicher Artikel notwendig ist. Alles ist entweder männlich oder weiblich. Ein Neutrum, das unserem »das« entspräche, gibt es nicht. Hinzu kommen Wörter, die Ausnahmen bilden und gleichzeitig männlich und weiblich sind, ohne ihre Bedeutung zu ändern. Wenn hingegen im Deutschen ein Wort männlich oder weiblich sein kann, ändert sich entsprechend auch die Bedeutung (die Band / der Band).

Gleichzeitig kennt das Arabische, auch anders als im Deutschen, keine unbestimmten Artikel. Stattdessen ist das betreffende Wort immer, wenn nichts anderes davorsteht, unbestimmt, wie folgendes Beispiel zeigt:

madrasa   Schule / eine Schule

Sobald es um eine konkrete Schule, also *die* Schule der Tochter oder *die* Schule da drüben, geht, wird die Vorsilbe *al-* gesetzt. Die Vorsilbe ist vom Geschlecht unabhängig und zeigt an, dass es nun konkret wird. Für unser Beispiel sieht die bestimmte Form so aus:

al-madrasa   die Schule

Wie in jeder Sprache, gibt es auch im Arabischen zahlreiche Feinheiten und Sonderfälle, die zu beachten wären. Jedoch sind sie für das Grundverständnis der Sprache und für den Zweck dieses Kapitels nicht relevant. Dennoch finden wir in der oberflächlichen Untersuchung arabischer Sprachstrukturen einen nachvollziehbaren Grund dafür, warum etwa arabische Muttersprachler diese Strukturen ins Deutsche übertragen und dort den Artikel weglassen.

Wie aber lässt sich erklären, dass Verkürzungen wie die Artikel- oder die Kontraktionsvermeidung in den letzten Jahren derart selbstverständlich geworden sind? Oder anders gefragt: Wie ist diese Verbreitung vonstattengegangen und wer hat zu ihr beigetragen?

Epizentrum Jugendsprache

Keine andere Sprechergruppe hat einen so markanten und zugleich wandlungsfähigen Stil wie die Jugendlichen. Das ist nicht nur in Deutschland so, sondern überall auf der Welt. Gerade diese Wandlungsfähigkeit und offenkundige Experimentierfreude führt dazu, dass jedes neue und zunächst unbekannte Sprachphänomen erst einmal in die Schublade Jugendsprache gesteckt wird. Das geschieht so auch mit einigen Teilphänomenen des Kurzdeutschs.

Ganz abwegig ist diese Zuordnung jedoch nicht, denn in der Tat waren und sind es vor allem Jugendliche, die einige der betreffenden Sprachelemente verbreiten. Trotzdem sind Jugendsprache und Kurzdeutsch nicht automatisch dasselbe. Warum das so ist, werden wir im weiteren Verlauf noch genauer sehen.

Hören wir doch mal hin.

Paul: Mach hinne, ich muss Bus klären. Kann nicht zu spät sein. Sonst fliege ich Mannschaft. Fickt mich total.

Leonard: Ich doch auch. Muss mir aber noch was reinstylen. Sonst mach ich 'nen Kasper.

Paul: 'fjeden.

Zum Wesen der Jugendsprache gehört es, zu entfremden, zu zitieren und zu verbildlichen. Paul aus dem Beispieldialog will einfach nur seinen Bus kriegen, sagt aber »klären«.

Leonard will vor dem Fußballspielen noch etwas essen, findet aber anscheinend, dass sich »reinstylen« viel vielversprechender anhört. Generell sind verkappte Anglizismen wie »reinstylen« sehr beliebt, da sie oft präziser und knackiger sind als deutsche Entsprechungen – sofern es überhaupt welche gibt. So ist »Twerken« eine prägnante Alternative zu »Powackeltanzstil mit starkem Hüfteinsatz«. Letzteres wäre im Übrigen ja auch nicht sonderlich chat- oder konversationstauglich.

Beispiele wie die von Paul und Leonard finden sich in der Jugendsprache zuhauf: Wer »abgefuckt« ist, sieht ganz schön heruntergekommen aus, und »Ich habe heute leider kein Foto für dich« ist ein Zitat, das nicht nur eine eigene App hat, sondern zum Standardspruch für spielerische Ablehnungen jeglicher Art auserkoren wurde.

Jugendsprache besteht aber nicht nur aus kreativen Wortschöpfungen und Zitaten. Was die Syntax, also den Satzbau, angeht, spielen Jugendliche häufig mit der Reihenfolge der einzelnen Satzbausteine. »Stefan, der hat ja end die nice Alte« beschreibt demnach etwas verschoben und verklausuliert, was Stefan für eine attraktive Freundin hat. Auch auf der Ebene der Semantik zeigt sich die Jugendsprache erfinderisch. Einzelne Wörter erfahren Bedeutungserweiterungen: »Fett« heißt dann so viel wie richtig toll, und »cremig« steht für locker und entspannt. Bei anderen wird stattdessen die Bedeutung reduziert: Wer »hartzt«, ist nicht etwa gleich ein Empfänger von ALGII, sondern entspannt nur gerne mit seinen Freunden. Auch wenn jemand »rumoxidiert«, geht es primär ums Gammeln und nicht etwa um eine chemische Reaktion des Körpers auf Luft.

Mitunter kehrt sich die Bedeutung eines Wortes sogar ins Gegenteil um: »Bocken« heißt dann so viel wie Spaß machen, und wenn jemand »Kellerbräune« hat, dann ist er oder sie schlichtweg blass. Eine nicht zu unterschätzende Rolle in der jugendsprachlichen Kommunikation spielt schließlich die Gestik, was sich vor allem in teilweise ausgefeilten Begrüßungs- oder Verabschiedungsritualen äußert oder da, wo es zu aggressivem Verhalten kommt.

Sein oder nicht sein

Jugendsprache existiert immer im situativen Zusammenhang und reflektiert die sozialen Strukturen und Gegebenheiten. Sie dient bewusst oder unbewusst stets dem Zweck, die eigene Identität auszudrücken und sich von der Erwachsenenwelt mit ihrer konventionellen Standardsprache abzugrenzen, also von dem, was wir als normal empfinden. (»Reingestylt« gehört nicht dazu.) Letztlich schaffen sich die Jugendlichen mit Hilfe der Sprache einen Raum, in dem sie sicher und ungestört untereinander kommunizieren können. Die verwunderten oder irritierten Reaktionen der Erwachsenen sind grundsätzlich Teil des Spiels, denn es geht ja gerade darum, dass jede junge Generation die Grenzen, Chancen und Möglichkeiten der Kommunikation für sich neu findet.

Wie und warum sich genau die eine oder andere kommunikative Eigenheit in der Jugendsprache zu einem bestimmten Zeitpunkt durchsetzt, lässt sich nicht immer eindeutig nachvollziehen.

Wer hätte zum Beispiel gedacht, dass ein sinnfreier Dialog aus einem eher lächerlichen YouTube-Pornovideo vor ein paar Jahren einen derartigen Kult erlangen würde. Das inflationär verwendete Frage-Antwort-Spiel, das mit der Frage »Warum liegt denn hier Stroh?« beginnt, brachte nicht nur allgemeine Belustigung, sondern auch jede Menge kreative Antworten hervor, wie beispielsweise »Weil da ein Nest ist« oder »Weil das hier ein echter Saustall ist«.

Genauso verwunderlich wie die Beliebtheit der Videos, aber ganz anderer Natur ist der jugendliche Habitus, eine positive Aussage durch eine gezielt gesetzte Pause und ein nachgestelltes »nicht« sarkastisch in ihr Gegenteil zu verkehren. Wo man früher gesagt hat »Ich hab keinen Bock auf Oma«, heißt es heute »Ich freue mich doll auf Omas Besuch – nicht«. Wem es nicht geschmeckt hat, der sagt »Das Essen war ja mal Hammer – nicht«.

Es gibt nicht die »eine« Jugendsprache. Verschiedene Jugendgruppen bedienen sich vielmehr aus einem reichen Fundus an innovativen Ausdrucksmöglichkeiten und gehen mehr oder weniger kreativ damit um. Bei allem Variantenreichtum existiert dennoch eine gemeinsame Kommunikationspraxis, die allen Jugendlichen geläufig ist und dafür sorgt, dass eine Art Generationsidentität entsteht.

Wie aber kommt es, dass einzelne jugendsprachliche Ausdrücke, Formulierungen oder sonstige Eigenheiten den Sprung in die Alltagssprache schaffen, während viele andere dem gemeinen erwachsenen Bürger unbekannt oder zumindest fremd bleiben?

Gekommen, um zu bleiben?

Ein gutes Beispiel für den Übergang von der Jugendsprache in die allgemeine Umgangssprache ist das Wort »geil«.

Bis Mitte des 20. Jahrhunderts galt »geil« noch als ein sehr obszöner Ausdruck aus der Gosse, der eher provokant und beleidigend eingesetzt wurde. In den 1980ern und Anfang der 1990er Jahre wurde es zu einem prominenten Jugendwort, das fast für alles gebraucht wurde, was irgendwie gefiel.

Diese starke Übertreibung ist mittlerweile so tief in der Umgangssprache verwurzelt, dass es weder seltsam noch unverschämt ist, wenn es ein gestandener Erwachsener für die Bewertung von allen möglichen Alltagszusammenhängen benutzt (»Geiler Urlaub«, »Die Hochzeit war richtig geil«, »Geiler Job«, »Geiz ist geil« usw.).

Was mit »geil« geschehen ist, wird wohl in der Zukunft mit noch viel mehr jugendsprachlichen Ausdrücken und Formulierungsmustern geschehen. Denn mittlerweile ist das Erwachsenwerden so attraktiv wie Fußpilz. Stattdessen ist es seit der Mitte des letzten Jahrhunderts eher erstrebenswert, so lange wie möglich als »jugendlich« zu gelten. Allein die Anzahl der 30- bis weit über 40-Jährigen, die heute noch aktiv in der Disco- und Clubszene unterwegs sind und oft mehr als nur regelmäßig feiern gehen, belegt dies. Was früher »Ü30«-Party hieß und ein wenig verpönt und belächelt wurde, ist plötzlich zu »Ü40«- und »Ü50«-Veranstaltungen geworden, die vollständig akzeptiert sind und fast schon zur Normalität gehören. Wer noch die Nächte durchtanzen kann und sich wenig mit dem klassischen Erwachsensein identifiziert, wird wohl ebenso Teile seiner Jugendsprache beibehalten.

Solange wir uns jung fühlen, bewegen wir uns weiterhin in jugendsprachlichen Strukturen. Aus der Mischung von der erwachsenen Umgangssprache und den Resten der Jugendsprache halten sich dann einige Ausdrücke und Formulierungen hartnäckig auch im normalen Alltag. Wer kennt das nicht, dass man in einer meist formellen Situation am Arbeitsplatz ganz anders redet als mit Freunden beim Sport oder beim Einkaufen. In kurzen Abständen kann problemlos von »Guten Tag, ich hätte gerne drei Körnerbrötchen und ein halbes Landbrot, bitte« zu »Alter, haste dat Spiel gesehn? Was für 'n krasses Tor. Sehen wa uns später, hauste«* gewechselt werden.

Hier und da

Auch das Kurzdeutsch hat sich auf diese Weise aus der Jugendsprache heraus bereits in viele Bereiche der Umgangssprache eingeschlichen. Diesen Prozess möchte ich einmal näher skizzieren. Im Grunde verläuft er immer nach dem gleichen Muster, ganz egal, ob es sich um ein Wort wie »dissen« (jemanden fertigmachen) handelt oder um unsere Kontraktionsvermeidung (»Ich bin schnell Aldi«).

Den ganzen Ablauf nennt die Sprachforschung »Stilverbreitung«. Begriffe und Formulierungen, die viele Sprecher schon als alltagstauglich empfinden, werden nach und nach von immer mehr Menschen immer selbstverständlicher

---

* »Hauste« ist eine Kurzform von »Haust du rein« und eine gängige Verabschiedungsformel.

übernommen (»Ich geh mal Bäcker«, »Rüdiger hat Rücken«, »Komm mal schnell Späti«). Ausschlaggebend dabei ist, was für die Zunge und das Gehirn einfach und komfortabel erscheint. Unser genereller Hang zur verknappten Sprache spielt also auch hier wieder eine Rolle. So wie ehemals jugendsprachliche Abkürzungen wie »so 'nem« (so einem) längst ihren Platz in der Umgangssprache gefunden haben, haben auch einige Elemente des Kurzdeutschs das Potenzial, sich dauerhaft in der Alltagssprache einzunisten.

Warum nun einzelne Wörter oder sonstige Elemente aus der Jugendsprache den Sprung in die Umgangssprache schaffen und andere nicht, ist nicht immer ganz eindeutig zu sagen. Elemente, die eine reale Funktion in der Alltagssprache haben können, bleiben im Sprachgebrauch bestehen (»geil«). Elemente, die eine zu starke Ironie oder Übertreibung beinhalten, sind weiterhin nur in der Jugendsprache zu finden (»Fickschnitzel« für »leichtes Mädchen«) oder verschwinden allmählich aus dem gewöhnlichen Sprachgebrauch und sind nur noch sehr selten zu hören (»Fatzke«, »Drahtesel«).

Die Bezeichnung »cool« zum Beispiel hat offenbar alle Voraussetzungen erfüllt, um sich in den Alltag zu integrieren. »Cool« wird, ohne nachzudenken, von vielen Sprechern quer durch die Gesellschaft für jede erdenkliche Situation verwendet und ohne Probleme inhaltlich verstanden (»coole Sonnenbrille«, »cooles Angebot«). Cool ist also kein Jugendwort mehr.

Die Übertreibung »göttlich« hingegen, die aus der Jugendsprache meiner Generation stammt und eine Alternative für »cool« gewesen ist, hat den Sprung in die Alltagssprache der Gesamtbevölkerung nicht geschafft. Die Gründe dafür sind offensichtlich: Die Übertreibung ist zu stark, das Wort ist zu lang und der Umlaut ö dauerhaft problematisch.

Ein weiteres Beispiel für einen jugendsprachlichen Begriff, der es nicht in die Umgangssprache geschafft hat, ist das Wort »flott«. In den 1920er Jahren wurde alles, was wir heute als »cool« benennen würden, damit bezeichnet. Vielleicht hört der eine oder andere das noch ab und zu in seiner Familie von einer älteren Generation, aber die Gesellschaft hat sich gegen »flott« in dieser Bedeutung entschieden. Wenn überhaupt, kennt man heute beispielsweise noch den »flotten Dreier«, aber auch diese Redewendung ist schon reichlich angestaubt.

Weil so was wie »flott« zu seltsam und »göttlich« zu übertrieben kompliziert scheint, ist und bleibt »cool« die erste Wahl. Das hängt natürlich auch damit zusammen, dass es international zu verstehen, einfach zu schreiben und auszusprechen ist. Cool ist also nach wie vor cool.

Dass ein Wort aus der Jugendsprache den Sprung in die Standardsprache geschafft hat, erkennt man spätestens dann, wenn es auch in der Redaktion des *Dudens* angekommen ist. Die ehrt jedes Jahr neue Wörter, an die wir uns in der Umgangssprache meist schon längst gewöhnt haben. Irgendwann kommt dann auch keiner mehr auf die Idee, dass das besagte Wort vielleicht sogar mal zur Jugendsprache gehört hat.

Konkret

Genau diese beschriebene Entwicklung vom Jugendslang hin zum Wortschatz des Normalbürgers hat auch das Kurzdeutsch schon in Teilen durchlaufen. Aus der wissenschaftlichen Perspektive könnte man von einem klassischen Sprachwandel »von unten« reden: Die Stilbildung des Kurzdeutschs an sich findet in der Jugendsprache statt. Das heißt, die Jugendlichen suchen sich aus den vielen Sprachgewohnheiten unserer Gesellschaft ein bestimmtes Phänomen heraus, das sie für sich kultivieren. Das funktioniert so ähnlich wie mit Vornamen, die auf einmal populär werden – sehr viele Eltern nennen ihren Sohn dann Oskar, aber keiner weiß eigentlich, warum er nun gerade diesen Namen schön findet. Das jeweilige sprachliche Element, das die Jugendlichen auswählen, kann dabei wirklich von überall herkommen, ob es sich nun um ein Filmzitat handelt oder um einen Produktnamen. Die Kontraktionsvermeidung, der Schlüssel zum Kurzdeutsch, stammt, wie wir wissen, aus dem Bereich Grammatik. Junge Menschen finden es also mehr und mehr attraktiv, Präposition und Artikel wegzulassen. Damit schaffen sie ein entscheidendes Stilmerkmal für das Kurzdeutsch. Nun muss das Ganze nur noch unters Volk. Die Stilverbreitung findet dann insbesondere über mediale Netzwerke wie das Internet oder die klassischen Medien statt. Am Ende dieses Prozesses hat sich das Phänomen in der Umgangssprache etabliert. So weit die Theorie.

Wie sieht dieses Sprachwandelmuster beim Kurzdeutsch nun in der Praxis aus? Zusammengefasst lässt es sich nach meinen Beobachtungen wie folgt beschreiben: Viele Jugendliche wachsen heutzutage in einer mehrsprachigen Umgebung, beispielsweise mit dem Deutschen und dem Türkischen, auf. Sie müssen in der Regel beide Sprachen parallel beherrschen, um sich mit den verschiedenen Gruppen um sie herum zu verständigen. Mit den Lehrern müssen sie

Deutsch sprechen, mit der Familie Türkisch und mit den Freunden vielleicht sogar beides. Dabei machen sie es sich so einfach wie möglich, Hauptsache, die Gesprächspartner verstehen sich problemlos. So reduzieren sie im Deutschen die Grammatik auf ein Mindestmaß und lassen die Artikel und Präpositionen weg. Mit der Zeit entsteht so ein Jugendsprachstil, der sich immer mehr verbreitet und dabei automatisch auch für Jugendliche attraktiv wird, die kein multiethnisches Umfeld haben, sprich deutsche Muttersprachler. Sie kopieren den Stil und nehmen ihn selbst an. Denken wir nur an die Beobachtungen in den Schulen. Je verbreiteter diese vereinfachte Art zu sprechen unter Jugendlichen ist, desto mehr Einfluss übt sie nach und nach auch auf Erwachsene ohne Migrationshintergrund aus, die beruflich oder anderweitig viel mit ihnen zu tun haben, etwa Lehrer, Erzieher oder Trainer (»Kommt ihr nachher mit Spielplatz?«). Sie übernehmen dabei natürlich nicht die Jugendsprache an sich, sondern nur einzelne Elemente des (noch) jugendlichen Sprachstils. Schließlich wirken diese erwachsenen Sprecher wie Multiplikatoren und tragen dazu bei, dass auch über ihr Wirkungsfeld hinaus so gesprochen wird – im Büro hört man dann beispielsweise »Herr Schmidt geht Kopierer« und im Bus »Geh Sitz runter!«. Mit steigender Verbreitung unter den Erwachsenen verliert das Element oder gar der ganze Stil irgendwann endgültig den Status Jugendsprache und ist nun Bestandteil der ganz normalen Umgangssprache.

Bevor wir jetzt alle anfangen, Jugendsprache als das Nonplusultra anzusehen, hier ein warnendes Beispiel dafür, warum wir gut beraten sind, die Grenzen zwischen Jugend- und Erwachsenensprache nicht willkürlich zu überschreiten.

Die Jugendlichen könnten das nämlich als Provokation empfinden. Genau das habe ich beim Besuch der Abschlussklasse einer Realschule miterlebt. Da dort ein besonderes Augenmerk darauf gelegt wurde, dass möglichst viele Schüler nach dem Sommer eine Ausbildung beginnen konnten, hatte der Schulleiter ein spezielles Programm initiiert. Zu diesem gehörte es, dass einmal in der Woche ein Vertreter aus einem Betrieb oder einer Institution kam und den Schülern Ausbildungsplätze oder Berufsperspektiven genauer beschrieb. Im Anschluss hatten die Schüler dann jedes Mal die Möglichkeit, sich direkt zu bewerben. Ein Konzept, das sehr gut ankam. Bis auf den besagten Tag, an dem es wieder einmal so weit war und ein Vertreter einer Institution vor der Klasse sprach.

Der Mann, Ende zwanzig, versuchte, so cool und locker wie die Schüler zu reden: Er benutzte jugendsprachliche Wörter wie »pimpen« (aufwerten) und »dissen« (beleidigen), sprach im Kurzdeutsch (»Dann kommt ihr Betrieb«, »Nur Hauptschulabschluss reicht«, »Kommt einfach mal Sprechstunde«). Zudem versuchte er sich in einer typisch arabisch gefärbten Betonung. Authentisch rüberzukommen gelang ihm leider nicht. Sein anbiedernder Auftritt irritierte die Jugendlichen derart, dass sich keiner auf den Inhalt des Vortrags konzentrierte. Das ging nicht nur den Schülern so, sondern auch mir. Ich hatte eher das Gefühl, in einem Comedy-Theater zu sitzen als bei einem wichtigen Vortrag zur Ausbildung. Als der Mann dann schließlich sogar einen der Schüler nachäffte, der eine ernstgemeinte Frage stellte, bekam er Schläge angedroht.

Als die Lehrerin in der darauffolgenden Stunde, in der ich

ebenfalls anwesend war, fragte, wie denn der Vortrag gewesen sei, bekam sie lediglich zu hören: »Irgendein behinderter Vollspast hat die ganze Zeit vorne rumgewichst, und keiner wusste, was er von uns wollte. Krasse Zeitverschwendung.« Die Erwartungen der Schüler, einen Impuls für den weiteren Lebensweg zu bekommen, waren durch die seltsame Sprache des Redners komplett enttäuscht worden – sie hatten ihn einfach nicht verstanden.

Jugendsprache ist letztlich ein großer spannender Bereich, aus dem immer wieder neue Impulse für unsere Sprachentwicklung kommen. Wir haben nicht nur Beispiele für einen innovativen und adaptiven Umgang mit unserer Alltagssprache gesehen, sondern auch dafür, wie die Stilbildungs- und Stilverbreitungsprozesse ablaufen. Zumindest bei den Erscheinungsformen des Kurzdeutschs handelt es sich oft noch um einen sehr fließenden Übergang zwischen den Stilen. Jugendsprache ist zwar die Wurzel der verkürzten Umgangssprache, aber, wie schon erwähnt, nicht mit ihr gleichzusetzen.

Deshalb lässt sich manchmal nicht ganz eindeutig sagen, was noch Jugendsprache ist und was schon Kurzdeutsch. Dafür gibt es zu viele Mischformen unter den Sprachelementen, die man weder dem einen noch dem anderen zuordnen kann. Jeder hat sie schon mal gehört (oder sogar verwendet?) und bringt sie fast automatisch mit dem Sprachstil Kurzdeutsch in Verbindung. Schauen wir uns eine berühmt-berüchtigte Floskel einmal etwas näher an.

»Ich schwöre« und andere Routinen

Matthias: Ich schwöre, dass ich mein' Bruder hole, ich schwöre,
Mann!

Tom: Ich schwöre, dass ich deine Mutter hole, ich schwöre!

Matthias: Ich schwöre, Mann.

Felix: Ich schwöre, Mann, dass ich schwöre, Mann.

Tom: Ich schwöre!

Matthias: Du schwörst, Mann? Ich schwöre.

Felix: Voll die Assi-Scheiße. Ghetto.

Wie fast jeden Morgen war die U-Bahn rappelvoll. Ich stand
gequetscht zwischen vielen Menschen, die auch nicht aus-
schlafen durften und entsprechend muffig, wenn nicht gar
genervt dreinblickten. Alle wollten nur ihre Ruhe haben.
Drei junge Männer, Matthias, Tom und Felix, schien das aber
keinen Deut zu kümmern.

Sie vertrieben sich die Fahrtzeit, indem sie scheinbar
sinnlose Dialoge führten, die aus den immer wieder gleichen
Worten bestanden. Wie in einer Dauerschleife wiederholten
sie ständig dieselben Phrasen, Station für Station. Die Frau
mit der blauen Handtasche neben mir, die eben noch in ihre
Zeitung vertieft war, wusste offenbar genauso wenig wie ich,
ob sie lachen oder weinen sollte. Glück denen, die heute früh
an Kopfhörer gedacht hatten.

Besonders Matthias konnte seine Lautstärke nicht kon-
trollieren und versuchte, die anderen zwei im Gespräch zu

übertrumpfen. Wobei »übertrumpfen« vielleicht nicht das richtige Wort ist, denn sie sagten ja immer dasselbe: »Ich schwöre«.

Ohne Rücksicht auf Verluste posaunten sie ihre Schwüre durchs Abteil. Tom schien an dem Spiel besonderen Gefallen zu finden. Aufmerksam musterte er seine Gesprächspartner und wartete lauernd darauf, endlich wieder an der Reihe zu sein.

Doch das war noch nicht alles. Während ich krampfhaft versuchte wegzuhören und die Stationen bis zum Aussteigen rückwärts zählte, begann fast unbemerkt der zweite Teil des Schauspiels. Zwei junge Frauen namens Jenny und Lisa, definitiv schon über zwanzig, stiegen zwei Türen von Matthias, Tom und Felix entfernt zu. Schnell wurde klar, dass sich die fünf kannten, denn nun bezogen die drei Männer Jenny und Lisa in ihre Phrasenmühle mit ein.

Felix: Ey, Lisa, schwörst du?

Tom: Ey, Lisa, Tom hat gefragt, ob du schwörst.

Lisa: Ja, ja, ich schwöre. Ihr benehmt euch wie kleine Kinder.

Felix: Sei ruhig, sonst hole ich meine Brüder. Ich schwöre.

Jenny: Pass ma' lieber auf, dass ich meine Brüder nicht hole.

Lisa und Jenny begegneten der verbalen Aufforderung zum Schwören mit mädchenhaftem Kichern und nicht ernstgemeinten Drohungen. So griff Jenny die von Felix verwendete Floskel »Sonst hole ich meine Brüder« auf, ein mittlerweile fast schon geflügeltes Wort, das man ursprünglich klischeehaft mit jugendlichen Migranten in Verbindung brachte.

Was ist nun aber der Sinn hinter dieser Art der Kommunikation und was hat sie mit Kurzdeutsch zu tun?

Alltagsroutinen

Der Satzteil »Ich schwöre« wird in der Sprachwissenschaft als eine Routine bezeichnet. Im Allgemeinen sind Routinen regelmäßige Handlungen, die so zur Gewohnheit geworden sind, dass wir sie ohne bewusste Aufmerksamkeit ausführen, also beispielsweise Zähneputzen, die Wohnungstür zusperren, den Computer hochfahren usw.

Wenn wir sprechen, greifen wir ebenfalls ständig auf so etwas wie kommunikative Routinen zurück, unterschiedliche sprachliche Einheiten, die wir situationsabhängig im Alltag einsetzen. Wenn wir jemanden treffen, den wir kennen, sagen wir zum Beispiel »Hallo«, und falls derjenige nicht gerade zu unseren schlimmsten Feinden zählt, so wird er in der Regel auch ein freundliches »Hallo« erwidern. Wünscht uns die Kassiererin im Supermarkt noch einen schönen Abend, antworten wir beim mehr oder weniger hektischen Wegpacken der Einkäufe wie von selbst »Ebenso«. Wenn ich niese, sagt jemand »Gesundheit«, woraufhin ich ein erleichtertes »Danke« schniefe.

Weitere klassische Beispiele für derlei Sprachroutinen sind Floskeln wie »Kein Problem«, »Greifen Sie zu«, »Mein Beileid«, »Tschüss«, »Viel Spaß« usw. In unserer Sprache existieren so viele von ihnen, dass ich problemlos das ganze Buch mit diesen kleinen Sprachelementen füllen könnte (Nein danke!). Für unsere Kommunikation sind sie schlichtweg unvermeidbar, da sie oft unsere Konversationen eröffnen und sie später am Laufen halten. Insofern geht es bei Routinen oft gar nicht um den wortwörtlichen Inhalt. Fragt uns etwa ein Bekannter, den wir zufällig auf der Straße treffen, »Wie geht's?«, erwartet er in der Regel nicht, dass wir ihm unsere aktuelle Glücks- oder Leidensgeschichte erzählen. Es reicht ihm, wenn wir »gut« antworten, denn worum es wirklich geht, ist die Kontaktaufnahme an sich und der Auftakt zu einem möglichen Gespräch. Ist das Gespräch erst mal in Gang gekommen, halten wir es wiederum mit Routineformeln wie »Was du nicht sagst« oder »Verstehst du« am Laufen.

Auch bei »Ich schwöre« geht es nicht um einen konkreten Eid, sondern letztlich darum, zu bestätigen bzw. zu betonen, dass das, was man sagt, Relevanz hat und der Wahrheit entspricht. Es ist dabei unerheblich, wo die Phrase im Satz genau steht, ob am Anfang, mittendrin oder am Ende. So nervtötend die Unterhaltung von Matthias, Tom und Felix für uns unfreiwillige Zuhörer auch war, weil sie neben dem mantrahaften »Ich schwöre« quasi keinerlei Inhalt oder Information vermittelte, so diente diese Art des »Austauschs« doch vor allem dem Zweck, die Beziehung und die soziale Ordnung unter den Freunden abzubilden und zu festigen. Tom und seine Freunde zeigen einander auf diese Weise, dass sie sich mögen und gegenseitig achten. Was für Außenstehende wie zusammenhangloses Geplapper klingen mag, ist für die drei also eine Art der Sozialpflege, ja im Grunde ein Ritual, und die Routine »Ich schwöre« ist ein integraler Bestandteil dieses Rituals.

»Ich schwöre« ist übrigens oft auch Bestandteil einer sogenannten rituellen Beschimpfung, wie folgende Beispiele zeigen: »Ich schwöre, deine Mutter ist so fett, dass sie Kran braucht« oder »Ich schwöre, du Dönerknecht«. Auf diese sehr spezielle Erscheinung des Kurzdeutschs kommen wir im anschließenden Kapitel noch ausführlicher zu sprechen.

Eine Frage der Struktur

Eine Routine kann allerdings auch ganz bewusst eingesetzt werden, um etwa eine bestimmte Signalwirkung innerhalb des Satzes zu erzielen. Sehr gut veranschaulicht wird das im folgenden Beispiel:

Sebastian: Ich schwöre, Manchester wird heute so abloosen, ich schwöre.

Till: Alter, hast du gewettet? Ich schwöre, wir sind reich dann, ich schwöre.

Kai: Alter, lass treffen. Ich schwöre, wir können alle zusammen live bei Mikey gucken, Mann.

Die Routine »Ich schwöre« hat hier die Funktion, die jeweiligen Aussagen gleichsam formelhaft zu strukturieren. Wir Sprachwissenschaftler nennen das Ganze daher auch »Strukturbildung«. Was heißt das genau? Nach der Eröffnung des Gesprächs durch »Ich schwöre« hat Sebastian das Rederecht in der Gruppe inne. Auch das Wort »Alter«, das Till am Anfang seiner Wortmeldung verwendet, ist eine Routine, die ein Gespräch eröffnen oder aber eine Aussage abschließend bekräftigen kann. Nachdem Sebastian seine Information übermittelt hat, stehen ihm im Grunde zwei Möglichkeiten offen. Die erste wäre, wie in unserem Beispiel durch ein abschließendes »Ich schwöre« seinen Redeteil zu beenden. Die Routine verleiht dem Gesagten noch mehr Ausdruck und hebt ihren Wahrheitsgehalt hervor. Schematisch sieht das dann so aus:

Eröffnung	Inhalt	Ende
Routine	Information	wieder Routine
Ich schwöre,	Manchester wird	ich schwöre.
	heute so abloosen,	

Die zweite Möglichkeit bestünde darin, dass sich Sebastian nach der ersten Information weiterhin das Rederecht sichert, indem er seinen Gesprächspartnern durch eine Routine signalisiert, dass er noch nicht fertig ist. Genau das tut dann sein Freund Till in seinem Teil des Dialogs. Er eröffnet mit einer Routine, gibt eine Information weiter, schließt eine Routine an und gibt eine weitere Information. Nach der zweiten Information folgt schließlich die Abschlussroutine, nach der das Rederecht gleichsam an den Nächsten übergeben wird. Die Struktur für diese zweite Variante sieht demnach so aus:

Eröffnung	Inhalt	Erhaltung	Inhalt	Ende
Routine	Information	Routine	Information	Routine
Alter,	hast du	Ich schwöre,	wir sind	ich
	gewettet?		reich dann,	schwöre.

Wer die Aufmerksamkeit der Zuhörer erhalten will, kann auf eine ganze Reihe von Sprachroutinen zurückgreifen.

»Ich schwöre« ist nur eine davon. Die am meisten verwendete Formel ist »Sag ich«, die auch in unterschiedlichen dialektalen Formen wie »Sag i«, »Sag ick« usw. vorkommt. Aber auch »Weißt du«, »Weischt«, »Nu« u. Ä. sind an dieser Stelle denkbar.

Wer diese Art von Sprachroutinen hautnah erleben möchte, hört am besten einmal aufmerksam einem Kollegen oder Freund zu, der von einem – erfreulichen oder ärgerlichen – Erlebnis berichtet. Routinen wie das schon erwähnte »Sag ich« oder »Verstehst du« werden da mit Sicherheit häufiger in die Erzählung eingeschoben, als man vermutet.

Während Eröffnungsroutinen tatsächlich auch bewusst eingesetzt werden (»Hör mal«, »Weißt du noch«), sind die Routinen zur Erhaltung des Rederechts (»Sag ich«, »Weischt«) klassische Automatismen, die wir in unsere Kommunikation einbauen.

Routinen sind für die Gestaltung eines Gesprächs nützlich, denn sie bieten so etwas wie kommunikative Sicherheit. Häufig handelt es sich dabei um Höflichkeitsfloskeln, die man ohne groß nachzudenken anwenden kann und die uns davor bewahren, unangenehm aufzufallen oder gar missverstanden zu werden. Am Arbeitsplatz können Routinen, geschickt genutzt, durchaus für ein gutes Sozialklima und ein stressfreies Miteinander sorgen (»Schönes Wochenende«, »Herzliche Grüße« etc.). Man sollte jedoch wissen, wann man eine bestimmte Routine einsetzen darf und wann nicht. So wäre zum Beispiel die korrekte Anrede für einen König »Euer Hoheit«. Den Chef morgens so zu begrüßen wäre hingegen völlig absurd.

Auch Routinen unterliegen einem fortwährenden Sprachwandel. So wurde aus der gängigen Abschiedsformel »Auf Wiedersehen« nach und nach das saloppe »Tschüss«, das seinerseits manchmal schon dem noch salopperen »Hauste« weichen muss, einer Kurzform von »Haust du rein«. Heute würde Felix aus unserem ersten Beispieldialog es wohl noch als Ironie oder Provokation empfinden, wenn ihm sein Vater am Abendbrottisch mit »Ich schwöre« antwortete. Doch wer weiß, vielleicht ist es in einigen Jahren völlig normal, dass sich Vater und Sohn mit »Ich schwöre« und »Hauste« begegnen.

Wie sehr kurzdeutsche Formen wie »Ich schwöre« schon in der Mitte der Gesellschaft angekommen sind, konnte ich letztens selbst miterleben.

Gefunden

Eine viel zu schnell geleerte 1,5-Liter-Flasche Apfelschorle sorgte auf meinem Weg durch eine Berliner Wohngegend dafür, dass ich mich auf der Suche nach einer Toilette in einer öffentlichen Bibliothek wiederfand. Nachdem das Wesentliche erledigt war, entdeckte ich ein Buch, das ich schon seit geraumer Zeit lesen wollte. Ich stellte mich also brav in die Schlange vor dem Ausleihschalter, und während ich wartete, beobachtete ich die Szenerie.

Ein sauberer, sehr gepflegter Raum mit viel Licht und dem Charme eines DDR-Baus der 1980er Jahre, alles farblich abgestimmt und ineinanderfließend. Hinter einem Tresen aus Spanplatte mit Birkenfurnier saß Petra, eine Frau Ende vierzig, und scannte emsig die Bücher ihrer Kunden.

Farblich schien sie mit dem Tresen zu verschmelzen: Ihre beigeblonden Haare hoben sich kaum von ihrem blässlichen Hautton und den vielen dünnen Querstreifen ihres untaillierten Pullovers ab. Ein ernster, unbewegter Gesichtsausdruck komplettierte das Bild der stillen, fleißigen Bibliothekarin.

Plötzlich wurde ich abrupt aus meinen Gedanken gerissen, als Petras Kollegin Birgit aus der Mitarbeitertür geschossen kam, zu Petra eilte und ganz aufgeregt auf sie einredete. Hier das bemerkenswerte Ende des Dialogs:

Birgit: Ich hoffe, der hat nicht geklaut. Wirklich. Wenn das weg ist. Bist du sicher, dass du es gesehen hast?

Petra: Sicher. Ich denke, es ist da oder wird sich in jedem Fall wieder anfinden.

Birgit: Wenn nicht, kommen wir in Teufels Küche. Petra!

Petra: Ich schwöre.

Den vorherigen Gesprächsfetzen konnte ich immerhin entnehmen, dass kurz zuvor offenbar eine etwas aufsässige Gruppe von Berufsschülern zu einer Führung da gewesen war – und einer von ihnen sollte nun wohl etwas gestohlen haben.

Petras abschließendes »Ich schwöre« könnte man deshalb als Anspielung auf den Sprachgebrauch der Besuchergruppe verstehen. Das ist sogar ziemlich wahrscheinlich, denn sie sagte es mit einem verschmitzten Augenzwinkern. Während Birgit regelrecht Panik verbreitete, erwies sich Petra durch das »Ich schwöre« als Herrin der Lage – sie war sich ihrer Sache sicher und stellte obendrein spielerischironisch einen sprachlichen Bezug zum Kurzdeutsch der Berufsschulgruppe her.

Petra, die unscheinbare Bibliothekarin, hat mir gezeigt, dass sie sehr empfänglich für die Unterschiede und Feinheiten in der Sprache ist und diese auch gezielt einsetzen kann.

Davon war ich wirklich sehr überrascht, drückte sie sich sonst doch – man könnte schon sagen, ihrer Berufsgruppe entsprechend – tadellos und gewählt aus. Eine Bibliothekarin gehört schließlich zu jenen Menschen, die durch ihre Arbeit mit Literatur und Sprache eher als Hüter von Grammatik und Umgangsformen gelten. Die Frage ist nun, ob man die Floskel »Ich schwöre« damit tatsächlich schon als Bestandteil der allgemeinen Umgangssprache betrachten kann oder ob sie doch als Jugendsprache gewertet werden sollte.

Das Beispiel von Petra bestärkt den Eindruck, dass erwachsene Sprecher damit in der Regel spielerisch umgehen und es gezielt einsetzen. Demnach wäre »Ich schwöre« aus meiner Sicht zum gegenwärtigen Zeitpunkt eher noch der Jugendsprache zuzuordnen. Diese Routine ist höchstwahrscheinlich nicht das einzige Phänomen aus dem jugendlichen Kurzdeutsch, das Petra aus ihrem Berufsalltag kennt. Auch die eine oder andere rituelle Beschimpfung wird ihr wohl schon zu Ohren gekommen sein. Was es mit diesem etwas kuriosen Sprachspiel auf sich hat, sehen wir im folgenden Kapitel.

Rituelle Beschimpfung

Ich sitze schon an meinem Platz, lange bevor die Schulstunde beginnt. Obwohl es sich um einen modernen Neubau handelt, ist der typische Klassenzimmergeruch immer noch der gleiche wie zu meiner Schulzeit. Ich denke fast schon ein wenig nostalgisch an damals zurück, während ich die tanzenden Staub- und Kreidepartikel im einfallenden Sonnenlicht beobachte. Meine Träumerei wird abrupt unterbrochen, als die Schüler der Klasse lärmend in den Raum stürmen. Stimmt, das gehörte auch schon immer dazu.

Nacheinander kommen Max, Paul, Nedat und Alexander herein. Die pubertierenden Riesen fallen nicht nur durch ihre enorme Körpergröße auf, sondern auch durch eine ausladende Gestik und einen Kleidungsstil mit leuchtenden Farben und provozierenden Aufschriften. Nedat schleudert seine Umhängetasche mit einem lauten Knall auf den Tisch und boxt mit der Faust gegen die Wand. Paul, gleich hinter ihm, dreht den Stuhl um und setzt sich rittlings drauf. In seine Haare sind an den Seiten Zacken rasiert, die Zwischenräume der Haarleisten sind blondiert. Er kaut Kaugummi, wippt mit dem rechten Fuß und mustert aufmerksam die weiteren Schüler, die nach und nach ins Klassenzimmer kommen. Als Max und Alexander den Raum betreten und eine ebenso starke Präsenz zeigen, kann man förmlich spüren, wie die Luft im Klassenraum zu knistern beginnt. Dann geht die Verbalschlacht auch schon los.

Paul: Alexander, du Missgeburt, was säufst du denn da schon wieder?

Nedat: Cola, du Pleppo, siehst du das nicht?

Alexander: Wer redet denn mit dir, du Spast? Pass auf, dass du nich mit deiner Stulle rumkleckerst.

Paul: Pass du lieba auf, dass du dein Gesöff nicht verkippst, du Dauerlutscher.

Max: Ihr Spasten, Alter, wir haben hier Frauen im Raum und ihr haut so 'ne Schoten.

Nedat: Max, du Möchtegerncowboy, was willst du 'n jetzt?

Max: Nüscht.

Nedat: Is auch besser so. Alex, du Missgeburt, was glotzt du denn schon wieder?

Alexander: Ich hab mich nur gefragt, ob das in deinem Gesicht Krümel oder Haare sind, du Mädchen.

Sie sind nicht die Einzigen, die sich lautstarke Wortgefechte liefern. Auch Marcel und Ali, die inzwischen ebenfalls eingetroffen sind, überziehen sich weiter hinten im Klassenzimmer mit Beschimpfungen. Im Vergleich zu den anderen Jungs wirken die beiden schmächtig und nicht annähernd so bedrohlich. Die Pubertät steht den 16-Jährigen noch deutlicher ins Gesicht geschrieben. Doch in puncto Lautstärke und Gestik halten sie locker mit ihren Mitschülern mit.

Nancy, die an einem Tisch vor ihnen sitzt, in ihrem Kalender herummalt und mit ihrem Mobiltelefon spielt, ist sichtlich gestresst von dem Rumgetöne. Auch ihre Banknachbarin Gül ist nicht begeistert. Während die Jungen sich gegenseitig beschimpfen, verdrehen die beiden Mädchen die Augen und seufzen hörbar.

Marcel: Ali, du Spast, Alter.

Ali: Ey, du bist Spast, Alter.

Marcel: Du bist so ein Spast, du Behindi.

Ali: Spast, Mann!

Nancy: Klappe, ihr Vollwichser.

Obwohl sie und die anderen Mädchen der Klasse genervt wirken, stehen sie ihren Mitschülern in der Bereitschaft zum Beschimpfen und in der Intensität der Beleidigungen (»ihr Vollwichser«) in nichts nach.

Wer wäre als Zeuge eines solchen Schlagabtauschs nicht irritiert oder gar alarmiert? Droht das Ganze womöglich zu eskalieren? Ich bin im ersten Moment jedenfalls durchaus beunruhigt, registriere aber dann bald, dass außer dem verbalen Gefecht nichts weiter passiert. Weder wird es handgreiflich, noch werden die Drohungen konkreter. Können die jungen Leute sich also einfach nicht »richtig benehmen«, oder kapier ich bloß nicht, wie sie ihre Konflikte austragen?

Nun, inzwischen weiß ich, dass es sich bei dem, was ich hier erlebe, um ein weiteres Phänomen handelt, das zum Gesamtpaket des Kurzdeutschs gehört: die rituelle Beschimpfung.

Der Ton macht die Musik

Der Stil des Kurzdeutschs ist nämlich nicht nur durch eine stark vereinfachte und reduzierte Grammatik gekennzeichnet. Zu ihm gehört auch ein bestimmtes Persönlichkeitsbild. Kurzdeutsch ist also mehr als die Summe grammatikalischer Komponenten. Es umfasst darüber hinaus ein habituelles

Regelwerk, welches das soziale Miteinander auf seine Weise organisiert. Die rituelle Beschimpfung ist gewissermaßen Bestandteil dieses Regelwerks. Respekt, Anerkennung und Dominanz werden aggressiv eingefordert, indem Stärke demonstriert wird. Die Sprecher versuchen, das Bild eines harten, provokanten »Gangsters« vorzugeben. Sie stehen dabei jedoch nicht außerhalb jeglicher Gesetze und Regeln – sie machen einfach ihre eigenen.

Normalerweise gehört ein solch rauer Umgangston wie in den eben zitierten Dialogen nicht zum Sprachalltag von Erwachsenen. Man kann also annehmen, dass sich dieses Phänomen im Unterschied zur Kontraktionsvermeidung und einigen anderen Erscheinungen, die im Zusammenhang mit dem Kurzdeutsch stehen, mit fortschreitender Adoleszenz höchstwahrscheinlich auswachsen wird.

Dass andererseits die Jugendlichen von heute diesen extremen Kommunikationsstil nicht erfunden haben, zeigt eine Studie des weiter oben schon einmal erwähnten Soziolinguisten William Labov aus dem Jahr 1972. Labov hat bei afroamerikanischen Jugendlichen in US-Großstädten immer wieder Droh- und Beschimpfungspraktiken beobachtet, die allem Anschein nach zu einem ganz eigenen Stil der beteiligten Sprecher gehörten. Schließlich stieß er auch in anderen Regionen der Welt auf dasselbe Phänomen. Die erste mir bekannte Untersuchung in Deutschland erfolgte 1979 und beschäftigte sich mit rituellen Beschimpfungen unter männlichen Jugendlichen türkischer Herkunft.

Die rituelle Beschimpfung ist eine Verbalattacke, die weder abwertend noch provozierend gemeint ist. Sie wird situationsabhängig eingesetzt, also beispielsweise zur Begrüßung, zur Überbrückung von Gesprächslücken oder zur Verabschiedung. Letztlich dient sie dazu, sich gegenseitig Respekt zu bekunden. Dabei werden auf mitunter äußerst kreative Weise Ausdrücke überwiegend aus dem sexuellen Bereich verwendet, neu kontextualisiert, miteinander vermischt und zu einer möglichst beleidigenden Formel zusammengefasst.

Auf den ersten Blick scheint es sich um ein eher männliches Phänomen zu handeln, doch wenn es sein muss, greifen sehr wohl auch Schülerinnen darauf zurück. Als etwa Nancy genervt in den zuletzt zitierten Dialog einsteigt, wird sie plötzlich selbst zum »Opfer« des Beschimpfungsritus. Nun muss sie dem Gebaren von Marcel und Ali Paroli bieten und ihrerseits Schlagfertigkeit und Stehvermögen beweisen.

Ali: Nancy, du Spast, was mischst du dich da ein? Hast du deine Tage, Mann?

Nancy: Weil du mich nervst. Immer ›Spast‹, Mann, dass du kein anderes Wort kennst. Dabei bist du der Vollspast hier.

Marcel: Ey, ich schwöre, sie hat ihre Tage.

Nancy: Marcel, du Opfer hast doch keine Ahnung, Mann.

Das ging noch eine ganze Weile so hin und her.

An den Schulen konnte ich beobachten, dass derlei Beschimpfungen oft ohne konkreten Anlass stattfanden. Bei manchen Schülern hatte das Ganze eine geradezu zwanghafte Komponente. Zwanghaft in dem Sinne, dass sie teilweise gar keine Kontrolle mehr über ihre Einwürfe zu haben schienen und wie in einer Dauerschleife ständig die gleichen Phrasen wiederholten. Von einem pathologischen Wiederholungszwang zu sprechen erschiene mir zwar übertrieben, aber gewisse Ähnlichkeiten zu diesem Befund sind zumindest nicht ganz von der Hand zu weisen.

Die Ausdrücke der rituellen Beschimpfungen variieren von Schultyp zu Schultyp. So wirkten sie am Gymnasium im Allgemeinen etwas kreativer und dienten offenkundig vor allem dazu, das soziale Gefüge zu festigen. Kreativität in der Beschimpfung bedeutet, dass die Beteiligten sich nicht immer nur die gleichen Ausdrücke zuwerfen, sondern sich offenbar tatsächlich Gedanken zu ihrem Gegenüber machen. Das drücken sie dann in neuen, individualisierten Beleidigungen aus, wie die folgende Szene sehr anschaulich zeigt.

Manuel, Tom und Jonas besuchen die 8. Klasse eines Gymnasiums in einer als gutbürgerlich angesehenen Gegend. Im Gegensatz zu den Besuchern der sonnendurchfluteten Realschulklasse von eben sind Manuel, Tom und Jonas schlicht und unauffällig gekleidet. Schlicht heißt hier, dass sie wie die allermeisten Jungs in der Selbstfindungsphase Jeans, T-Shirt und Sportschuhe bekannter, aber nicht zu angesagter Marken tragen.

Manuel: Tom, du Spast, Alter, guck dich an!

Tom: Du Spast, Alter, wenn du Bad gehst und in Spiegel guckst, musst du aufpassen, dass er dich nicht ankotzt.

Manuel: Geh du doch Bad, Alter.

Jonas: Manu, du Opfer, was stresst du uns, Mann, geh Bad und spül dich selba runter, Mann. Hier so 'n Affen zu machen. Bist nich ausgelastet?

Manuel: Leck mich, was geht dich das an. Guck dich an, Mann, du bist das Opfer.

Jonas: Kati, Manu hat mich Opfer genannt!

Katharina: Is mir scheißegal. Geht Spielplatz, Mann. Is ja hier wie 'm Kindergarten.

Manuel: Is ja nicht mein Problem, wenn er nu mal so ein fettes Spastenopfer ist.

Tom: Ihr seid so assi, ihr Assis.

Jonas: Wie meine Oma, du Knecht! Spastenstyles.

Dass Jonas und Tom trotz der augenscheinlich rüden Umgangsformen die besten Freunde sind, ist im weiteren Verlauf des Tages deutlich zu merken. Für sie bedeutet es eine gegenseitige Bekundung des Respekts, den anderen als »Spastenopfer« zu bezeichnen.

Nur aus Langeweile

An den anderen Schulen, vor allem an den Hauptschulen, wirkte die gegenseitige Beschimpfung dagegen eher wie ein routinemäßiger Zeitvertreib. Wer keine eigene Idee für eine griffige Formulierung hatte, nahm einfach den Ausdruck des vorherigen Sprechers auf und warf ihn noch mal in die Runde. So ging das dann oft eine ganze Weile monoton hin und her. Nur ab und zu wurden einige Varianten zusätzlich mit der typischen Bezeichnung »Alter« oder entsprechenden Synonymen (wie »Lan«, »Dicker«, »Spast«) versehen, und schon war die eigene Beschimpfung fertig.

Justin: Pascal, du Spast, Alter! [Spuckt]

Pascal: Du Behinderter musst dich melden. Vollspast, Mann.

Murat: Ihr seid beide die größten Oberspasten, Mann! [Spuckt]

Justin: Sackgesicht, du! [Zieht die Nase hoch]

Pascal: Behindert ohne Ende, Mann.

Justin: Vollspast! Spast, Mann. [Spuckt]

Murat: So behindert. [Spuckt zweimal]

Die meisten derartigen Unterhaltungen wirken zwangsläufig belanglos und ohne tieferen Sinn, zumal sich die Sprecher gegenseitig gar nicht richtig zuhören. In der Regel warten sie nur ab, wann sie selbst wieder dran sind, etwas von sich zu geben.

Doch noch einmal zurück zu der soeben beschriebenen Gymnasialklasse. In der Pause nach der Stunde will ich rasch zum nächsten Supermarkt, um mir etwas zu trinken zu kaufen. Als ich über den Parkplatz eile, die Zeit bis zur nächsten Unterrichtsstunde ist knapp, sehe ich Max, Marcel und Alexander vor mir in dieselbe Richtung laufen. Ich verlangsame meinen Schritt und spitze die Ohren, um zu hören, worüber sie gerade reden. Da sie sich weiter unbeobachtet fühlen (Referendare sind Luft), wird auch in der Pause munter weitergeschimpft:

Max: Du Missgeburt, selbst deine Mutter findet dich hässlich!

Marcel: Du Missgeburt, Mann, wenn du Wasser springst, gehst du sofort unter, weil dich nicht mal Wasser halten will.

Max: Du Spast, ich schwöre.

Marcel: Du musst Puff gehen, weil du so hässlich bist.

Im Supermarkt geht das so weiter. Die Verkäuferinnen reagieren allerdings vollkommen entspannt, als die drei mit ihrem lauten und heftigen Umgangston durch die Gänge streifen und schließlich jeweils mit beiden Armen voller Billigcola Richtung Kasse stapfen. Ich stelle mich hinter ihnen an und beobachte die Verbalspiele. Nachdem sie das Geschäft verlassen haben, kann ich es mir nicht verkneifen, die Kassiererin auf das Verhalten der drei anzusprechen. Es ist, als hätte sie schon lange darauf gewartet, dass endlich mal jemand danach fragt.

Natürlich wundere sie sich jedes Mal über die Ausdrücke und Schimpfwörter der Jugendlichen, plaudert sie los. Wie man nur so miteinander umgehen könne! Aber die drei Schüler scheinen trotzdem befreundet zu sein. Ihr Sohn, schon fast dreißig, sei da allerdings auch nicht anders. Mit seinen Freunden spreche er wie ein Rüpel; bei ihr zu Hause sei er aber der beste Sohn, den man sich vorstellen könne. »Es sind ja nich nur die Jungs, sondern auch die Bauarbeiter, die von der Müllabfuhr und die Alkis, die hier imma einkaufen. Die mach'n das auch. Man merkt schon, dass die Kumpels sind, aber verstehen tu ich das nich.« Sie bestätigt mir damit nebenbei, was ich schon vermutet hatte: Auch wenn es kein Phänomen der breiten Masse ist, gibt es anscheinend doch vereinzelt Gruppen Erwachsener (zumeist Männer), in denen Sprecher unabhängig von ihrem Alter rituelle Beschimpfungen praktizieren.

Gleichberechtigung?

Die rituelle Beschimpfung ist keine neue Erscheinung. Verhältnismäßig neu hingegen ist, dass auch Mädchen und Frauen mit dem Mittel der rituellen Beleidigung untereinander ihre Sympathie bekunden. Ein Beispiel für diese Entwicklung ist in der folgenden Szene zu finden.

Deutschunterricht in der Gymnasialklasse von Jonas, Tom und Manuel. Dort wird gerade das Theaterstück *Frühlings Erwachen* von Frank Wedekind behandelt. Die Klasse soll die Charaktere der handelnden Personen analysieren.

Katrin, Farah und Lina sehen eher harmlos aus, wie sie mit ihren bunten Federtaschen und glitzernden Stiften ruhig an den Bänken sitzen. Beide sind unauffällig gekleidet und würden sich weder in der U-Bahn noch auf dem Schulhof von der breiten Masse abheben.

Katrin: Du bist gar nicht bei der Sache. Nimm dir mal ein Beispiel an Wendla und komm klar, du Tussi.

Farah: Ich zeig dir gleich, was klarkommen ist, du Opfer!

Manuel: Ihr seid ja wieder nett zueinander. So sind se, die Mädels.

Farah: Manuel, du Opfer, halt dich da raus und mach dein Zeug. Wen habt ihr überhaupt?

Manuel: Melchior. Wieso?

Farah: Das passt gar nicht zu euch. Guckt sie euch an, wie sie da sitzen, diese Opfer alle.

Lehrerin: Farah, es ist jetzt gut. Konzentrier' dich.

Farah: Mach ich doch. Nur diese Opfer hier nerven mich an.

Lina: Was, wir auch?

Farah: Tussi, du doch nicht.

Aus dem zitierten Dialog geht hervor, dass das Wort »Tussi« eine liebevolle und anerkennende Bezeichnung für die Freundin ist, anders als der Begriff »Opfer«, der hier zweierlei bedeuten kann. Einmal meint »Opfer« zwar eine Anerkennung der Mitschülerin als Freundin, sozusagen eine Variation zu »Tussi«. Das andere Mal dient es aber eindeutig dazu, Manuel zurückzuweisen. Interessant ist hier, dass Manuel, der zuvor selbst intensiv an den Beschimpfungsritualen in seiner Clique beteiligt gewesen ist, nun seine Mitschülerinnen für ihre Wortgefechte kritisiert. Schließlich ist das doch eine männliche Domäne.

Zu »Opfer« gibt es übrigens etliche mehr oder weniger kreative Erweiterungen und Varianten, wie beispielsweise »Opferknecht« oder »Spastenopfer«. Wer wissen will, ob das Wort im jeweiligen Fall höflich oder beleidigend gemeint ist, muss auf die Betonung achten. Farah sprach das anerkennende »Opfer« mit einem langen O, das zurückweisende dagegen mit einem kurzen O. Es ist für einen Außenstehenden dennoch nicht immer leicht zu erkennen, ob es sich um eine rituelle oder um eine echte Beleidigung handelt.

Ein weiterer spannender Aspekt der rituellen Beschimpfung ist, dass sie auch in bestimmten Sprachmustern, so der Fachterminus, auftreten kann. Demnach lässt sich allein schon am Satzaufbau oder an bestimmten formelhaften Wendungen vor allem am Satzanfang erkennen, dass es sich nur um eine rituelle und eben keine echte Beschimpfung handelt. Leitet ein Jugendlicher eine Bemerkung beispielsweise mit »Ich heiße« oder »Guten Tag, meine Name ist« ein, will sich der jeweilige Sprecher damit nicht etwa der Gruppe vorstellen, sondern signalisiert mit dieser formelhaften Wendung eindeutig, dass er gleich jemanden spielerisch bloßstellt. Das Ganze ist wie die Karikatur einer Selbsthilfegruppe – jeder kennt einschlägige Szenen aus US-Filmen

oder -Serien (»Hallo, mein Name ist Jan und ich bin Alko-
holiker«).

Im folgenden Dialog ist es Max, der solche Signalformu-
lierungen benutzt:

Max: Guten Tag, mein Name ist Paul und ich habe heute zum
ersten Mal geduscht.

Paul: Max, du Spastenopfer, lass den Scheiß.

Alexander: Er hat recht, das ist echt nicht witzig, Mann. Das
hört sich an wie von 'nem verfickten Vollspasten.

Max: Guten Tag, mein Name ist Alexander und ich mische mich
überall ein.

Seiner Auftaktbegrüßung »Guten Tag, mein Name ist …«
folgt eine Spiegelung bzw. Beschreibung, die sich über den
jeweils anderen – erst Paul und dann Alexander – lustig
macht. Muster wie diese, bei denen der Gesprächspartner
weiß, dass nun ein nicht ganz ernst gemeinter verbaler An-
griff erfolgt, gibt es in der Welt der rituellen Beschimpfung
einige. Auch wenn Paul und Alexander unglaublich genervt
scheinen, ist der Ritus mit genau dieser Satzstruktur ein
wichtiges sprachliches Kennzeichen der Gruppe.

Irgendwann verhalten sich Alexander, Paul und Max endlich etwas ruhiger und tun zumindest so, als ob sie dem Unterricht der Lehrerin folgten. Plötzlich fliegt die Klassenzim-
mertür auf. Ein hagerer Junge, der viel zu große Kleidung
trägt, wartet, bis er die Aufmerksamkeit aller auf sich gezogen hat. Er ist ein südländischer Typ, heißt Emre und insze-
niert sich offenbar gern selbst:

Emre: Tut mir leid, dass ich zu spät bin.

Lehrerin: Emre, das ist jetzt schon das sechste Mal in Folge, dass du zu spät kommst.

Emre: Das ist immer, wenn ich mich auf was freue, komme ich immer zu spät.

Paul: Du Spast, du hast zu Hause Blähungen gehabt.

Emre: Deine Mutter geht Puff, du Assi.

So kurz die Szene ist, enthält sie doch jede Menge bemerkenswerter Details, als da wären: ein harmloser Einstieg, ein ahnungsloser Außenseiter (die Lehrerin), blanke Ironie, rituelle Beschimpfung aus dem analen Bereich und eine prompte Gegenwehr in der »klassischen« Form der Mutter-Beleidigung.

Echt, oder?

Natürlich ist nicht jede Beleidigung gleich eine rituelle Beschimpfung im sprachwissenschaftlichen Sinne. Das wäre zu einfach und nicht bloß für uns Soziolinguisten viel zu langweilig. An einer Realschule wurde ich einmal Zeugin, wie ein Schüler von Jungen und Mädchen seiner Klasse systematisch attackiert wurde. Das Interessante dabei war, dass die männlichen Schüler stets innerhalb des Rahmens der rituellen Beschimpfung blieben, wohingegen die Schülerinnen den Jungen in einer Weise beleidigten, die keinen spielerischen oder respektvollen Charakter mehr aufwies. Nur anhand der Betonung, also der Art, wie die Einzelnen ihre Äußerungen aussprachen, konnte man den feinen, aber markanten Unterschied zwischen ritueller und echter Beleidigung ausmachen.

Ein anschauliches Beispiel für dieses Nebeneinander von echten und unechten Beschimpfungen ergab sich dann aus der folgenden Szene, die sich im Fach Werken zutrug. In der besagten Stunde ging es darum, sich mit Holz und Hobel zu beschäftigen. An insgesamt fünf Werkbänken standen die Schüler alleine oder in Zweiergruppen und bearbeiteten mehr oder weniger engagiert ihre Holzstücke. Für Sinah war Holzarbeit nichts. Durch Gähnen und den ständigen Blick auf ihre mit Gelnägeln verzierten Finger zeigte sie deutlich ihr Desinteresse am Unterricht. Sie trug ein pinkfarbenes Kopftuch, das mit einer glitzernden Brosche an der Seite befestigt war. Mit ihren auffallenden Augen, die durch das grelle, ebenfalls pinkfarbene Make-up und sehr lange künstliche Wimpern herausstachen, musterte sie kritisch die anderen im Raum. Sinah war wesentlich weiter entwickelt als ihre Mitschülerinnen und ließ das auch jeden spüren. Sie würde nach eigener Aussage viel lieber ihre »Kunden stylen, als vor einer ekelhaften Werkbank zu vergammeln«. Wörter wie »ekelhaft« oder »eklig« schienen sowieso eine größere Rolle in ihrem Wortschatz zu spielen, womit sie sich auch gerne – und störend – in die rituelle Kommunikation ihrer männlichen Mitschüler einmischte.

Karim: Marco, du Weißbrot, ich schwöre, du hast heute schon Kartoffeln gegessen. Oder was gab's, als du Kantine gegangen bist?

Sinah: Ey, ihr Deutsche seid so komisch.

Marcel: Ja, Marco, du Missgeburt, ich schwöre, du Missgeburt.

Marco: Selba Missgeburt, du Flachwichser.

Karim: Da is ja meine Kacke schöner als du, ich schwöre.

Marco: Was laberst du von deiner Kacke, Mann, geh Klo, wenn du musst.

Murat: Geh du mal Klo, du Weißbrot.

Marco: Ich geh Klo und nimm dich mit und steck dein Kopf rein. Dann nehm' ich dich mit Schulhof und zeig allen deine Fresse, du Spast, Alter, ich schwöre.

Sinah: Ich finde deutsche Jungs ekelig, dich besonders, Marco.

Marco: Ich finde dich auch eklig. Du siehst aus, als ob du Farbtopf kommst.

Sinah: Wie siehst du aus, du Assi? [Wirft ihr Holzstück durch den Klassenraum]

Lehrer: Jetzt ist Schluss. Wir schauen jetzt alle mal, wie das Holz aussieht!

Der Lehrer schritt erst ein, als Sinah ihren letzten Satz so hysterisch schrie, dass ihr fast die Stimme kippte. Ihre Augen funkelten böse, als ob sie sich jeden Moment auf Marco stürzen wollte. Der Lehrer, der die Ruhe weghatte, stellte sich zwischen die nach Luft schnappende Sinah und den sichtlich desinteressierten Marco. Eine derart aufgeladene Situation war auch für mich neu, obwohl ich mich mittlerweile durchaus als Beschimpfungsexpertin eingeordnet hätte.

Der Lehrer hatte über die Jahre, in denen er Werken unterrichtete, gelernt, die üblichen alltäglichen »Missgeburt«-Unterhaltungen von echten Attacken zu unterscheiden. Bei Ersteren schaltete er ab. Er wusste: Intervenieren bringt nichts, denn die Schüler sind in dieser Hinsicht sowieso resistent. Für ihn war nur wichtig, dass sich keiner verletzte und dass zumindest die wenigen interessierten Schüler ihr Werkstück fertigbekamen.

Später gingen die Wortgefechte zwischen Marco und Karim jedoch erneut los, und Sinah, die den Empörungskollaps überstanden hatte, war ebenfalls wieder mit von der Partie. Dieses Mal war der Ton noch schärfer als zuvor. Trotzdem: Die Jungs blieben auf der rituellen Ebene, während Sinah es zwar ernst meinte, mit ihrer Wortmeldung im Gegensatz zu ihren Mitschülern aber nicht besonders kreativ war:

Marco: Gib mir Stift wieder, du Spast!

Karim: Was willst du, Missgeburt?

Marco: Gib mir Stift. Sofort, du Wichser.

Karim: Du Kartoffelfresse kriegst gar nichts. Geh Schwulenclub, Ibne*.

Marco: Geh du mal lieber wieder Türkei, da sind deine Kamelkumpels.

Karim: Ey, wart's ab, bald sind wir mächtigste Volk hier Berlin und ihr schwachen Deutschen werdet sehen. [...]

Sinah: Deutsche sind so ekelig.

Karim: Warte, ich geb dir Stift, stecke ich dir direkt Arsch.

Lehrer: Was ist hier drüben schon wieder los?

Insgesamt kann man festhalten, dass die rituelle Beschimpfung einfach ein Bestandteil der Kommunikation unter den Jugendlichen ist und maßgeblich der gegenseitigen Respektbekundung und Höflichkeitskultur dient. Nicht in den pöbelnden Gesprächsfluss einzusteigen ist in den Augen der

---

* Türkisch für »schwul« oder »Schwuler«

jugendlichen Sprecher viel schlimmer, als es die einschüchterndste Drohgebärde jemals sein könnte. Rituelle Beschimpfungen stellen einen Gegenentwurf zu den gültigen Regeln der Höflichkeit in der Erwachsenenwelt dar, und letztlich geht es Jugendlichen genau um diese identitätsstiftende Abgrenzung. Sie freuen sich darüber, dass sie von ihrem Mitschüler liebevoll als »Missgeburt« bezeichnet werden, und gleichzeitig über das verdutzte oder pikierte Gesicht der Erwachsenen, die diese ruppige Art der Kommunikation maßlos irritiert, wenn nicht gar empört.

Die rituelle Beschimpfung ist, zusammenfassend betrachtet, ein sehr anschauliches, greifbares Merkmal des Kurzdeutschs. Diejenigen, die sie praktizieren, zeigen in der Regel auch eine besondere Affinität zu den anderen Eigenheiten des Kurzdeutschs und umgekehrt.

Dass jugendsprachliche Formulierungen samt ritueller Beschimpfung für ordentlich Gesprächsstoff sorgen, werden wir auch im folgenden Kapitel sehen. Darin versuche ich vor allem zu beschreiben, wie die Medien zur Verbreitung des Kurzdeutschs beitragen.

Medien

Stefan: Gibt's schulfrei wegen Orkan? Der geht ja voll ab grad.

Cristiano: Echt jetzt, was hat der denn schon wieder gemacht?
Schule angezündet oder was? Was geht bei dem?

Orkan: Hey, ich hab nix gemacht! Geht um den Sturm, du
Opfer!

Dass Kurzdeutsch längst auch die sozialen Netzwerke fest im Griff hat, ist wenig überraschend. Bei dem eben zitierten öffentlichen Chat auf Facebook sorgte weder die Jugendsprache (»geht voll ab«) noch die Artikelvermeidung (»Schule«) noch die rituelle Beschimpfung (»du Opfer«) für Aufsehen. Solche Dinge sind mittlerweile so normal wie das *Gefällt mir*. Wenn dieser Dialog trotzdem berühmt wurde, dann natürlich wegen der lustigen Verwechslung des Vornamens Orkan mit dem gleichnamigen Sturm. Doch nicht nur in den sozialen Medien stößt man auf Spuren von Kurzdeutsch.

Der US-amerikanische Bürgerrechtler Malcolm X hat die Medien einmal als die mächtigste Instanz der Welt bezeichnet. Man mag dem nun Glauben schenken oder nicht – auf jeden Fall haben die Medien – und damit meine ich sowohl die klassischen, wie Zeitungen, Fernsehen und Radio, als auch das ganze Spektrum der neuen – einen großen Einfluss darauf, wie wir unsere Umwelt wahrnehmen. Die Massenmedien sind gleichsam Spiegel unserer Gesellschaft. So findet auch das Kurzdeutsch, das benutzt oder parodiert wird, jedoch stets fasziniert, einen festen Platz in den alten und neuen Kommunikationsstrukturen.

Internet(t)

Das Individuum steht mittlerweile nahezu pausenlos unter einer medialen (Selbst-)Beobachtung. Jederzeit erreichbar und stets »im Bild«. Das Selfie aus dem Urlaub, der Salat im Büro, die neue Uhr, Schuhe, das frisch geborene Enkelkind – alles muss raus. Irgendwie.

Die »authentische« Dokumentation von Lebenswelten, wie sie vor allem in Blogs und den schon erwähnten sozialen Netzwerken stattfindet, bildet inzwischen einen gegensätzlichen Trend zu den redaktionellen Medien wie Fernsehen, Magazinen und Zeitungen. Dort sind die Beiträge abgesprochen, recherchiert und kontrolliert – in den neuen Medien nicht. Die Generation Internet sucht sich ihre Informationen selbst und entscheidet autonom, was geteilt und angenommen wird. Damit setzt sie Trends. Einer davon ist das Kurzdeutsch, das sich über den sogenannten User Generated Content schnell verbreitet hat. Das sind Medieninhalte, die von den Nutzern selbst erzeugt und zum Beispiel in Form eines YouTube-Videos verbreitet werden. Die Nutzer bestimmen, worüber und vor allem wie gesprochen wird. Und das ist sehr häufig Kurzdeutsch.

Die mediale Verbreitung von Kurzdeutsch ist meines Erachtens in mehreren Schritten vonstattengegangen und auch weiterhin zu beobachten. Den ersten Schritt haben Sprecher mit orientalischen Wurzeln getan, den zweiten die digitalen

Medien, den dritten die Redaktionen der klassischen Medien, den vierten deutsche Muttersprachler, die den Stil aufnehmen und imitieren, und zu guter Letzt spielt auch die Berichterstattung über neueste Forschungsergebnisse eine Rolle.

Worüber man spricht

Ausgangspunkt sind zunächst wieder diejenigen, die von klein auf mit mehreren Sprachen aufgewachsen sind und bei denen eine multikulturelle Umgebung einfach zur Lebenswelt dazugehört. In Deutschland hat ihr Anteil unter den Jugendlichen kontinuierlich zugenommen. Da ist es nur selbstverständlich, dass sie ein Stück ihres Lebens und ihrer Mehrsprachigkeit auch in die Gesellschaft einbringen möchten. Insofern ist es kein Wunder, dass sich diese Gruppe nicht mehr mit den bestehenden Jugendszenen wie beispielsweise der Gymnasiasten-Hip-Hop-Kultur mit ihren Hacky Sacks und Skateboards oder der ausschweifenden westlichen DJ-Club-Kultur mit Drogen, Festivals und Technoveranstaltungen identifiziert. Stattdessen hat sie eine ganz eigene Jugendkultur geschaffen, die sie stetig weiterentwickelt. Darin wird alles gemischt, nicht nur im Bereich Sprache, sondern auch beim Kleidungsstil, den Frisuren, dem Auftreten und nicht zuletzt den Wertvorstellungen. Die so entstandene Identität möchte auch entsprechend an die Öffentlichkeit. Selbstinszenierung ist hier das Schlüsselwort.

Im Unterschied zu den bisherigen analogen Möglichkeiten ist die Selbstdarstellung inzwischen dank Internet und

Smartphone faktisch kostenlos, rasend schnell und weltweit realisierbar. Heutzutage ist schneller ein Kurzvideo gedreht und hochgeladen als eine E-Mail verschickt. Jeder Einzelne kann plötzlich nicht nur Teilhaber oder Konsument, sondern auch Produzent von Inhalten und Trends sein.

Ein Beispiel: Wer kennt nicht das über 4,5 Millionen Mal angeschaute YouTube-Video »Wo bist du, mein Sonnenlicht?« von der Grup Tekkan. Die dreiköpfige deutsche Band, bestehend aus den türkischstämmigen Jugendlichen İsmail, Selcuk und Fatih Hira, schaffte mit ihrem selbstkomponierten Lied und dem privat gedrehten Video einen viralen Erfolg ohnegleichen. Das war sicher auch der Tatsache geschuldet, dass sowohl die Komposition als auch die Umsetzung mit einer selten da gewesenen Ernsthaftigkeit sehr viele Klischees bedienten. Die Selbstverständlichkeit, mit der die drei ihre Identität in der Öffentlichkeit präsentierten, wirkte nicht nur auf junge Menschen mit ähnlichen Wurzeln attraktiv, sondern auch auf Jugendliche deutscher Herkunft. Bereits wenige Wochen nach der Veröffentlichung gab es einen passenden Klingelton für das Mobiltelefon, eine professionell produzierte CD und die Aufmerksamkeit der klassischen redaktionellen Medien wie etwa *TV Total* und *Bunte*. Am Ende stand sogar ein eigener Wikipedia-Eintrag samt Bandgeschichte.

In den sozialen Netzwerken konnte man beobachten, wie sich derartige multikulturelle Stereotype immer weiter verbreiteten. Es sind überwiegend Bilder von Menschen, die in teuren, auf Hochglanz polierten Luxusautos oder mit Premium-Modeartikeln posieren. Ein anderes weit verbreitetes Motiv ist die bewusste Selbstdarstellung als machohafter

Ghettobewohner. Es wird gezeigt, was man gerne hätte und wer man gerne wäre.

Doch nicht nur in solchen Bildern, sondern auch in der Sprache – der Art, wie die Nutzer schreiben, sprechen oder rappen – findet diese gewollte Identität ihren Ausdruck. Stets mit an Bord: jede Menge Kurzdeutsch. Inzwischen gibt es eine Unmenge an Portalen und Blogs, die sich der Dokumentation dieser (multikulturellen) Stilblüten des Internets verschrieben haben und täglich neue Kuriositäten teilen. Das trägt wiederum zur wachsenden Popularität von bekannten Phänomenen wie »Ich schwöre« bei.

Der fortschreitende Trend zur Verbreitung von Sprachelementen des Kurzdeutschs blieb schließlich auch den Comedy-Redaktionen der Fernsehsender nicht verborgen. Damit war der Weg in die redaktionellen Medien geebnet.

Was guckst du?

Mit *Was guckst du?*, jener unglaublich erfolgreichen Sendung des Komikers Kaya Yanar, die ab 2001 verschiedene Charakterrollen von Deutschtürken durch den Kakao zieht und mit allerhand Vorurteilen spielt, ging es los. Türkisches Leben in Deutschland rückte nun ganz offiziell ins Rampenlicht. Kaya Yanar, selbst türkischer Abstammung, ist dabei der Initiator des Programms, der Moderator und auch der Darsteller fast aller Charaktere. Sein Unterhaltungsprogramm kam zusammen mit der Internetwelle in die deutschen Haushalte und traf den Geschmack der Nation.

Das, was in der Sendung auf die Spitze getrieben wurde,

manifestierte sich als Sammlung vieler verschiedener Vorurteile, die vor allem an den jungen Menschen nicht spurlos vorüberging. Diese waren nämlich die erste Generation im wiedervereinten Deutschland, die sich mit Mitmenschen multikultureller Herkunft auseinandersetzen musste.

Multiethnisches Leben, multiethnische Kultur und die damit verbundene Sprache, aus der viele Impulse für das heutige Kurzdeutsch kamen, erfreuten sich in der Unterhaltungsindustrie großer Beliebtheit. Ausgehend von Kaya Yanar kamen immer mehr Fernsehformate wie *Ladykracher* & Co. auf den Geschmack. Dabei immer im Fokus: die Sprache als Spiegel der Identität. Auch für jemanden ohne multiethnische Wurzeln waren Kurzdeutsch und eine irgendwie türkisch angehauchte Erscheinung auf einmal ziemlich angesagt.

Um das medial inszenierte Bild der erfolgreichen Minderheitenidentität abzurunden, wurden auch einzelne Personen mit deutschtürkischem Hintergrund zu Aushängeschildern aufgebaut, medial aufgebauscht und teilweise ikonisiert. So gibt es einige sehr erfolgreiche Moderatorinnen wie Gülcan Kamps oder Nazan Eckes, deren Medienpräsenz bis hin zur millionenvergüteten Live-Hochzeit vor Fernsehpublikum reichte und sie zu attraktiven Vorbildern quer durch die Gesellschaftsschichten machte.

Apropos Ikone: Fast jeder dürfte einen jungen Mann namens Menderes Bağcı kennen, der sich in der Casting-Dauersendung *Deutschland sucht den Superstar* bei jeder Staffel vergeblich um eine Teilnahme bewarb. Seine Hartnäckigkeit, die Lebenshintergründe, aus denen er entstammte, und sein nahezu talentfreies Selbstdarstellungsvermögen nahm der Produktionssender zum Anlass, ihn zu einer Kultfigur des deutschen Privatfernsehens zu machen. Das Image, das man ihm verpasste, hat dazu beigetragen, die multiethnische Identität, einschließlich der Art zu kommunizieren, populärer zu machen.

Ein wunderbares Beispiel dafür, wie sich die Popularität von Menderes und Co. äußert, habe ich besonders deutlich in einer 8. Klasse erlebt. Die Mädchen, alle deutsche Muttersprachlerinnen, die sonst durchweg tadellose Grammatik und durchschnittliche Betonung benutzten, änderten unvermittelt ihren Sprachstil, als es um eine mögliche Teilnahme bei dem Fernsehwettbewerb *Germany's Next Topmodel* ging. Die insgesamt sechs Schülerinnen saßen an einem großen Tisch und sollten eigentlich gemeinsam einen Vortrag ausarbeiten und ein Plakat dazu anfertigen. Das war jedoch nicht annähernd so interessant wie das Gespräch über eine zukünftige Modelkarriere von Pauline.

Pauline: Ich überlege, ob ich mich nächstes Jahr bewerben soll.

Sarah: Voll peinlich, Mann. Wenn du da verkackst, ist dein Leben vorbei.

Pauline: Ich will ja nur Casting und gucken, ob ich weiterkomme.

Stella: Muss man nich 16 sein, um Casting zu dürfen?

Marie: Nein, die eine war auch erst 14, glaub ich.

Pauline: Ich hab keine Ahnung. Ich will's auf jeden Fall versuchen.

Stella: Da muss man Bewerbungsbogen ausfüllen. Der ist Internet, hab ich gesehen.

Marie: Wenn du da durchfällst und es ins Fernsehen kommt, ist das bestimmt peinlich.

Romy: Ja, vor allem müssen deine Eltern da zustimmen.
Machen die das?

Tina: Meine würden das niemals!

Pauline: Meine machen das schon. Vor allem, wenn ich weiterkomme, muss ich erst mal nicht mehr Schule!

Romy: Ob die Schulleiter da mitmachen?

Stella: Ach Romy, du bist immer wie meine Mutter.

Nachdem das Thema Model-Casting abgehandelt war, switchten die Mädchen sofort wieder vom Kurzdeutsch zurück in die ganz normale Umgangssprache. Das »coole« Kurzdeutsch fiel weg, sobald es erneut um potenziell langweilige Alltagsthemen ging.

»Ich mach dich Hannelore«

Ausgehend von der Bekanntheit und Präsenz, die das Kurzdeutsch in Fernsehen und im Internet erlangt hatte, befassten sich zunehmend auch die gedruckten und gehörten Medien mit der Multiethnizität.

Sie legten jedoch einen eher (sprach-)wissenschaftlichen Schwerpunkt auf die Beiträge und verhalfen dem Kurzdeutsch so durch das Zusammentragen zahlreicher vereinzelter Phänomene dazu, als Gesamtbild verstanden und wahrgenommen zu werden.

Der Südwestrundfunk zum Beispiel stellte schon 2007 einen Beitrag unter die Überschrift »Guckst du hier! Konkret! Kult und Klischee von Jugendslangs«. In den seriösen Zeitungen wie *DIE ZEIT* sind immer wieder Beiträge wie

»Herr Lehrer geht Kopierer« zu finden, die das Kurzdeutsch in der Gesellschaft beleuchten.

Die Thematisierung der kommunikativen Veränderungen ist die eine Seite der Berichterstattung. Diese soll die Leser immer wieder auf den neuesten Stand in Sachen Kurzdeutsch bringen.

Die andere Seite ist die Verwendung des Kurzdeutschs durch die gedruckten und gehörten Medien selbst. Neben Titelschlagzeilen wie »Ich mach dich Hannelore« (die Satirezeitschrift *Titanic* über Helmut Kohl) und »Wer kann Berlin?« (*B. Z.* über die Bürgermeisterdebatte in der Hauptstadt) finden sich seit einiger Zeit regelmäßig Überschriften, die das eine oder andere kurzdeutsche Phänomen benutzen.

Nachgefragt

»Warum schreibt ihr solche Titel?«, wollte ich einmal von einer mir bekannten Journalistin wissen. Für eine offene und schonungslose Antwort habe ich versprochen, ihren Namen wie den einer Kronzeugin zu schützen.

»Die Menschen reagieren darauf«, erklärte sie mir. »Wir wollen doch auch mit der Zeit gehen und erkennen selbst, dass das Kurzdeutsch, wie du es nennst, einen anderen Status hat als noch vor ein paar Jahren. Die Überschriften kommen gut an und sind nah am Leser. Oder besser gesagt, an der Sprache des Lesers. Er erkennt sich darin wieder. Und es ist leichter zu lesen und zu merken.«

»Es ist von einem Stil, der belächelt wurde, zu einer ernsthaften Option im Deutschen geworden«, führt sie weiter aus.

»Interessant war das für uns Schreiberlinge ja schon immer. Mittlerweile ist es o.k., wenn auch deutsche Erwachsene so reden. Es ist irgendwie cool.«

Als ich nachfrage, ob sie denn eine klare Zielgruppe vor Augen hätten, wenn sie sich für eine Kurzdeutsch-Überschrift entscheiden, antwortete sie: »Wir denken an Stadtbewohner. Ganz normale.«

Ob sie es denn nicht bedenklich finde, als Multiplikator für die Verstümmelung der deutschen Sprache zu dienen, hakte ich durchaus bewusst provokant nach.

Die Journalistin steckte die Frage allerdings problemlos weg und hatte nach kurzem Überlegen eine Antwort für mich parat: »Würden sich die Leute nicht brennend dafür interessieren, würden wir es nicht immer wieder aufgreifen und aus neuen Perspektiven schildern. Journalismus profiliert sich ja nicht dadurch, dass er seine Leser zu Tode langweilt. Es ist doch etwas, was jeden Tag um die Menschen herum passiert. Es ist irgendwie Teil ihres Alltags. Du weißt ja selber, dass sich kaum was so stetig wandelt wie die Sprache. Und die iPhone-Modelle. Aber Spaß beiseite. Es ist ja unsere Pflicht als Journalisten, den Menschen da draußen ihr Leben zu reflektieren, sie zu informieren und auch zu unterhalten. Man muss doch wissen, was mit unserer Sprache los ist, oder?«

Ja, irgendwie kommen wir nicht mehr drum herum. Schon gar nicht um das Kurzdeutsch, das sich aus einer inszenierten multikulturellen Jugendkultur über sämtliche Medienformate in die Umgangssprache verbreitet hat.

Nachdem wir nun die Mechanismen kennen, wie das Kurzdeutsch über die Jugendsprache Eingang in unseren sprachlichen Alltag gefunden hat und sich dort aufgrund medialer Prozesse verbreiten konnte, bleibt eigentlich nur noch eine Frage offen: Wie ist es entstanden? Also was genau sind seine Wurzeln?

Wie sich in den letzten Kapiteln schon andeutete, haben wir es sogar mit zwei Wurzeln zu tun: einerseits mit dem Türkischen, andererseits mit den traditionellen Stadtsprachen. Beide spielen im multikulturellen Zusammenleben unserer Großstädte eine tragende Rolle.

Stadtsprache

Um zu verstehen, was Stadtsprache ist und wie sie täglich auf uns einwirkt, muss man sich zunächst einmal die Stadt als Lebensraum genauer anschauen. Sie ist nämlich viel mehr als ein großer Fleck auf einer Faltkarte oder eine Häufung vieler Postleitzahlen. Jenseits der auch heute immer wieder beschriebenen negativen Seiten des urbanen Daseins ist die Stadt vor allem eines: ein wunderbar funktionierendes Sprachlabor voller interessanter und aufschlussreicher Entwicklungen.

Städtische Strukturen sind seit jeher soziale, kulturelle, politische und damit auch sprachliche Brennpunkte. Die Stadt gleicht heute in der Regel einer globalisierten Insel mit wenig Platz auf großem Raum – man ist quasi nie allein und lebt trotzdem weitgehend anonym. Für die Sprachforschung ergibt sich so ein spannendes Feld.

In Deutschland gibt es viele verschiedene Stadtsprachen. Jede für sich weist ihre speziellen Eigenheiten auf, also etwa typische Wörter und Formulierungen. Meine ehemalige Kollegin aus Bremen sagte immer »Komm in die Puschen!«, wenn sie meinte, dass ich mich beeilen solle. In Köln fragt man »Wat is dat denn?«, in Wiesbaden ruft man die »Bollizei«, wenn bei einem eingebrochen wurde.

Dass Merkmale des Kurzdeutschs wie die Kontraktionsvermeidung auch aus den Stadtsprachen resultieren, lässt sich sehr gut am Beispiel des Berlinerischen zeigen. Bei der typischen Berliner Stadtsprache, oft und gerne auch »Berliner Schnauze« genannt, handelt es sich um eine unverkennbare Mischung aus Witz, Schlagfertigkeit, verbaler Ausdrucksstärke, selbstbehauptender Aggressivität und Großschnäuzigkeit. Wie zahlreiche Studien zeigen, gilt das Berlinerische in der Wahrnehmung der Nicht-Berliner zwar prinzipiell als sympathisch, aber zugleich als ordinär, rüde und irgendwie falsch, besonders was seine Grammatik betrifft. Insofern hat es trotz steigender Beliebtheit ein eher geringes soziales Ansehen, obwohl es von den Berlinern selbst durch alle gesellschaftlichen Schichten hindurch mehr oder weniger ausgeprägt gesprochen wird. Zwar greift man im Osten der Stadt ein bisschen lieber darauf zurück, weil man sich früher damit so gern von den Sachsen abgrenzte, aber ansonsten gibt es kaum eine Einschränkung.

Schauen wir uns eine Reihe von typischen Berliner Grammatikfehlern an, die bereits eine gewisse Nähe zum Kurzdeutsch und insbesondere zur Kontraktionsvermeidung aufweisen. Wenn ich in diesem Zusammenhang von »Fehler« spreche, so ist das in keiner Weise diskriminierend gemeint, sondern es soll lediglich die Abgrenzung zum grammatikalisch korrekten Hochdeutsch verdeutlichen.

Hauptstadtknapp

Wie viele Deutsche lieben es auch die Berliner, Sätze zu verkürzen. Infolge dieser Sprachökonomie reduzieren sie etwa gern bestimmte und unbestimmte Artikel und verschmelzen diese dann häufig mit der vorangestellten Präposition:

FEHLER I

in der Schule	wird zu	*inne Schule*
vom Kino/von dem Kino	wird zu	*vons Kino* oder *vont Kino*

Manchmal setzen die Berliner jedoch noch einen drauf, indem sie zusätzlich den Artikel nach der Präposition weglassen:

FEHLER II

in den Himmel	wird zu	*in Himmel*
in den Urlaub	wird zu	*in Urlaub*
von der Arbeit	wird zu	*von Arbeit*

Aber damit noch nicht genug der Verknappung. Im folgenden Beispiel kommen wir zum letztlich ausschlaggebenden Fehler, der für Berliner Sprecher – aber nicht nur für sie! – typisch ist. Man findet Ähnliches bei genauem Hinsehen auch in der Stadtsprache von Köln, Dortmund und im Ruhrpott allgemein.

FEHLER III

Beispiel A
   Bist du auf der Arbeit? / auf der Arbeit sein
wird zu
   Bist du auf Arbeit? / auf Arbeit sein

Beispiel B

> *das Fahrrad / das Auto dabeihaben, mit dem Fahrrad / dem Auto / der Bahn unterwegs sein* (als Frage, Antwort, Aussage)

wird zu

> *Bist du mit Auto? / Bist du mit Fahrrad? / Kommt jemand von euch mit Auto?* (als Frage)

> *Ja, ich bin heute mit Auto. / Nee, ich bin heute mit Fahrrad.* (als Antwort)

> *Ich bin mit Auto da. / Ich werde mit Fahrrad kommen.* (als Aussage)

Hannover kennt, wie ich durch meine Freundin Sarah mutmaßen kann, keine solchen Verkürzungen, aber sollte es bei Leserinnen und Lesern in Ulm, Gera oder anderswo ähnliche stadtsprachliche Besonderheiten geben, freue ich mich über jeden Hinweis.

Die Formulierungen des Fehlers III, die eine Art Vorläufer der Kontraktionsvermeidung sind, bei der dann auch noch die Präposition wegfällt, sind alles andere als neu. Das Weglassen von Artikeln in der Berliner Umgangssprache ist schon in den Werken des Literaturnobelpreisträgers Gerhart Hauptmann Ende des 19. Jahrhunderts als typisch für die Sprache der arbeitenden Schichten dokumentiert. Das Phänomen ist also keinesfalls frisch erfunden, sondern prägt die städtische Alltagssprache schon seit über hundert Jahren. In der Umgangssprache der Hauptstadt sind Wendungen wie »Ich bin auf Arbeit« bereits so weit verbreitet, dass sie mittlerweile gleichwertig neben der hochdeutschen Form »Ich bin auf der Arbeit« existieren.

Bei der Kontraktionsvermeidung sieht die Lage anders aus. Kurzformen wie »Ich geh Bäcker« sind bei weitem noch nicht so selbstverständlich wie »Ich bin mit Fahrrad«. Meinem sozialen Ansehen als Akademikerin tut es keinen Abbruch mehr, wenn ich »mit Auto« bin, wohingegen es (noch) stark auffällt und überhaupt nicht zu meiner Gesamterscheinung passt, wenn ich so etwas wie »Ich bin Kino« sage. Gut möglich jedoch, dass sich das schon bald ändert und niemand mehr verwundert schaut, wenn ich eben mal »kurz Toilette muss«.

Die Zeiten ändern sich

Was Sprachveränderungen generell betrifft, so unterscheidet die Linguistik in der Regel zwei Arten: Die eine ist eine nur vorübergehende Änderung. Beispielsweise sagte man in den 1980er Jahren gerne mal »dufte«, wenn man etwas mochte. Das Wort »dufte« hat sich inzwischen aus dem allgemeinen Sprachgebrauch selbst wieder verduftet und spielt keine nennenswerte Rolle mehr.

Die zweite Form der Sprachveränderungen ist hingegen von Dauer, das heißt, sie findet einen festen Platz in der Umgangssprache. Ein schönes Beispiel für eine bleibende Sprachänderung ist das arabische Wort »yalla«, was so viel bedeutet wie »schnell« oder »zack, zack«. Man hört es mittlerweile nicht nur von zweisprachigen Sprechern oder im Hip-Hop-Milieu, sondern durchaus auch mal von Herrn

Meyer von nebenan. Dass Herr Meyer das Wort überhaupt kennt und (wahrscheinlich unbewusst) in seinen Wortschatz aufgenommen hat, gehört zu den sogenannten Kontaktphänomenen. So etwas findet man häufig bei Menschen, die zwar in einem mehrsprachigen Umfeld wie einer Großstadt leben, selbst aber keinen oder kaum interkulturellen Kontakt haben.

Herr Meyer hat womöglich einmal beobachtet, wie ein Vater arabischer Herkunft mit seiner Tochter, sie auf dem Laufrad, die Straße überqueren wollte. Da das Mädchen immer wieder stehen blieb und sich zum Vater umschaute, rief dieser mit ausladenden Handbewegungen »yalla, yalla«, um sie anzutreiben. Die Kleine winkte aber lieber den wartenden Autofahrern, als auf den besorgten Vater zu hören. Herr Meyer musste angesichts der Szene vielleicht lachen. Seitdem benutzt er das Wort »yalla« gelegentlich sogar selbst.

Multikulti to go

Das Besondere am heutigen städtischen Zusammenleben ist vor allem die Vielzahl der interkulturellen Kontakte – beim Einkaufen, in den öffentlichen Nahverkehrsmitteln, im Fitnessstudio und nicht zuletzt im breit gefächerten Angebot internationaler Küchen kommt es zu solchen Begegnungen. Dabei ergeben sich diese Kontakte nicht allein durch die Präsenz von Einwanderern. Auch der Tourismus, der aufgrund der Billigflieger in den letzten Jahren enorme Zuwachsraten verzeichnet, trägt maßgeblich dazu bei, dass sich interkulturelle Begegnungen aller Art in den Städten häufen.

Für viele Zugezogene ist es mit Blick auf ihr kulturelles Selbstverständnis wichtig, ihre Muttersprache beizubehalten, denn Sprache definiert uns und bildet gerade in einem fremden Land bzw. einer fremden Kultur einen wichtigen Stabilitätsfaktor. Die Tatsache, dass sie häufig die Sprache und Kultur ihrer alten Heimat für sich bewahren, sorgt letztlich für eine blühende Vielfalt im Kosmos der urbanen Welt. Ebendiese Vielfalt ist es auch, die eine Stadt spannend und attraktiv macht. Nicht nur für Chinatown und Little Italy in New York, sondern auch für Eppendorf oder das Gängeviertel in Hamburg, für das Glockenbachviertel in München oder für Kreuzberg in Berlin gilt: Sie alle sind Stadtteile, die sich eindeutig vom Gesamtstadtbild unterscheiden, etwa, was ihre soziale oder ethnische Zusammensetzung angeht. Darüber hinaus sind viele Stadtteile in sich sehr heterogen. So findet man in Berlin-Kreuzberg neben alteingesessener Migrationskultur überwiegend türkischer Prägung letzte Reste der Hausbesetzerszene der 1980er Jahre, mehr oder weniger gentrifizierende Kleingründungen von Cafés, Werbeagenturen oder Kunsthandwerksstätten und dazwischen Galerien, Drogenszene, Gemüsemärkte, Moscheen und Kirchen. Die Attraktivität des Bezirks ergibt sich gerade aus seiner Ambivalenz.

Was aber haben diese Umstände mit der Kontraktionsvermeidung und dem Kurzdeutsch zu tun?

Die Antwort liegt quasi so nah wie die Wohnungstür des Nachbarn. Ob Berlin oder Leipzig, Wuppertal oder Augsburg, Dortmund, Hamburg oder Mönchengladbach – die anhaltende Zuwanderung aus dem In- und Ausland macht aus Städten Orte einer kontinuierlichen Mehrsprachigkeit.

Die immer größere Nachfrage nach städtischem Wohn- und Lebensraum führt nicht nur dazu, dass immer mehr Menschen auf engem Raum zusammenleben, sondern auch dazu, dass auf diesem engen Raum viele verschiedene Sprachen miteinander in Berührung kommen. Sprachmehrheiten treffen auf Sprachminderheiten, und ihr Verhältnis zueinander bzw. die Arten, wie sie sich in städtischen Ballungsräumen gegenseitig beeinflussen, können dabei ganz unterschiedlich aussehen.

Sprachen im Kontakt

So kommt es vor, dass zwei oder mehr Sprachen gleichberechtigt nebeneinander bestehen, beispielsweise in voneinander getrennten Vierteln oder als gleichermaßen akzeptierte Amtssprachen. Auch gibt es den Fall, dass eine Sprache, meist ist es die der Mehrheit, sich die andere Sprache nach und nach einverleibt.

Schließlich existiert noch die dritte Möglichkeit, dass eine Mischsprache entsteht, die Elemente aus zwei oder mehr (Ausgangs-)Sprachen enthält. Gemischt wird hier der Wortschatz (»Can you give me drei Körnerbrötchen, s'il vous plaît?«; »Yalla, mach mal schneller, yalla!«) oder die Grammatik (»Können Sie mir bitte Tee geben?« wird auf Englisch mit beibehaltener deutscher Grammatik zu »Can you please give me tea?« anstatt zu »Can you give me tea, please?«).

In der Sprachforschung bezeichnet man diese dritte Möglichkeit als »Pidgin«. Beim Pidgin entsteht eine sogenannte Kontaktsprache immer dann, wenn Gesprächspartner die

Sprache des jeweils anderen nicht beherrschen, aber trotzdem kommunizieren müssen. Das kann zum einen nur vorübergehend sein, etwa wenn man sich nur kurz in einer Bar trifft und sich unterhalten will. Oder auch längerfristig, wenn man zum Beispiel im Rahmen eines Projekts öfter miteinander zu tun hat. Es geht aber auch dauerhaft: So gibt es richtige Pidginsprachen wie das sogenannte Küchendeutsch in Namibia. Dort hat sich durch die Kolonialisierung ein sehr vereinfachtes Deutsch etabliert, das heute noch von über 15 000 Sprechern benutzt wird. »Was kostet das Brot« heißt im Küchendeutsch demnach »Was Brot kosten?«. Pidgins werden in der Regel bloß mündlich gebraucht und basieren auf einer stark vereinfachten Grammatik. Die Sätze bestehen oft nur aus der Elementabfolge Subjekt, Verb, Objekt (»Vater gehen Arbeit«; »Mutter sein Krankenhaus«). Alle Gesprächspartner verstehen den Inhalt, ohne dass es komplizierte weitere Satzelemente gibt.

Ganz ähnlich wie diesen Pidginprozess können wir uns die gegenseitige Beeinflussung der Stadtsprachen im multiethnisch geprägten Lebensraum vorstellen. Da die Bewohner verschiedene Muttersprachen haben und keine davon die offizielle Landessprache ist, entstehen pidginähnliche Muster. Diese tragen wiederum mittelfristig zu sprachlichen Strukturen wie dem Kurzdeutsch bei. Je länger beispielsweise Familien, deren Muttersprache nicht Deutsch ist, bei uns leben, desto besser wird in der Regel ihr Deutsch. Zwar werden womöglich trotzdem noch manche Grammatikfehler gemacht, aber statt »Vater gehen Arbeit« heißt es nun vielleicht schon »Mein Vater geht Arbeit«, womit wir einen typischen kurzdeutschen Satz hätten.

Das, was wir gerade zum Pidgin gelesen haben, liefert uns Anhaltspunkte dafür, welche Kräfte auf die deutsche Sprache – und damit auf das Kurzdeutsch – gewirkt haben.

Bevor wir uns dabei konkret das Türkische ansehen, die Sprache, die das Kurzdeutsch entscheidend geprägt hat, wenden wir uns noch kurz einem anderen Konzept der sprachlichen Vereinfachung zu – dem Foreigner Talk.

Ganz ähnlich wie das Pidgin, aber noch radikaler vereinfacht, funktioniert auch der sogenannte Foreigner Talk. Der Unterschied zu Pidgin ist, dass einer der beiden Kommunikationspartner die Sprache, in der gesprochen wird, beherrscht, der andere aber so gut wie gar nicht. Foreigner Talk erinnert insofern fast ein wenig an Babysprache.

Linguistische Feinheiten wie Präpositionen oder Artikel tauchen in dieser Sprachform ebenfalls nicht auf. Die Frage »Hast du die Rechenaufgabe gelöst?« lautet im Foreigner Talk dann beispielsweise »1-2-3 gut?«. Wenn ich meinem Gegenüber klarmachen möchte, dass ich erst zur Post muss, um ein Paket aufzugeben, und wir dann zu Mittag essen gehen, sage ich das im Foreigner Talk eventuell so: »Ich Paket weg, dann wir essen.«

So mit jemandem zu sprechen, der womöglich gerade erst dabei ist, eine Sprache zu lernen, mag anfangs vielleicht hilfreich sein. Wenn man es aber auf Dauer tut oder jedes Mal, wenn man jemandem mit eindeutig fremder Herkunft begegnet, so nimmt das doch stark diskriminierende Züge an.

Unabhängig davon aber liegt es auf der Hand, dass diese vereinfachten Formen – also etwa die Art und Weise, wie wir als Muttersprachler mit jemandem an der Bushaltestelle reden, der uns nicht deutsch erscheint – dazu beitragen, dass vor allem in großstädtischen Ballungsgebieten verkürztes Sprechen »normaler« wird.

Mein Viertel, meine Stadt

Wie wir feststellen können, prallen in den Städten unterschiedliche sprachliche Besonderheiten aufeinander, und das nicht bloß als Folge der zunehmend multikulturell geprägten Gesellschaft, sondern mitunter auch als eine Folge sozialer Ungleichheit. Oft ist es nur ein Straßenzug, der ganze Lebenswelten und dabei auch Sprechweisen voneinander trennt. William Labov, wir erinnern uns, fand beispielsweise für New York heraus, dass mit steigendem Sozialniveau auch die Aussprache bestimmter Buchstaben deutlicher wird. Ein vergleichbares sprachliches Kennzeichen für soziale Ungleichheit war anfänglich auch die Kontraktionsvermeidung.

Wo sie in der Umgangssprache verwendet wurde, wies sie – ungefähr bis zur Jahrtausendwende – auf ein niedriges Bildungs- oder Integrationsniveau hin. Das änderte sich erst mit dem schon ausführlich besprochenen Medienkult um das Kurzdeutsch. Die damalige Zuordnung der Sprechweise zum niedrigen Bildungs- oder Integrationsniveau wiederum hatte eine gewisse Stigmatisierung zur Folge. Ganze Stadtgebiete wurden mit dem vermeintlichen »Türkendeutsch« in Verbindung gebracht, unabhängig davon, woher die Bewohner eigentlich stammten und ob sie tatsächlich so sprachen oder nicht.

Trotzdem hieß das Kurzdeutsch früher nicht ohne Grund »Türkendeutsch«, auch wenn es sehr abwertend gemeint war. Türkisch ist sowohl stellvertretend als auch prägend für die multiethnische Mischung der Stadtsprache, weil Menschen aus der Türkei den prozentual größten Anteil an Zuwanderern in die Bundesrepublik während der Arbeitsmigration in den 1960er und 1970er Jahren stellten. Entsprechend groß war und ist auch ihr Einfluss – denken wir dabei auch zurück an die Beispiele aus dem Kapitel über Jugendsprache. Wie ich im folgenden Abschnitt zeigen möchte, hatte und hat die türkische Sprache tatsächlich vor allem in städtischen Lebensräumen eine erhebliche Wirkung auf die Umgangssprache und somit auch einen signifikanten Anteil an der Entstehung des Kurzdeutschs.

Türkisch

Bülent: Lan, wie geht's? Lass mal Späti treffen!
David: Tamam, dann acht!

Dialoge wie dieser sind auf deutschen Straßen nichts Ungewöhnliches. Für jene, die das Wort »Lan« (gesprochen wie das deutsche Wort »Land«, nur ohne *d*) oder »tamam« noch nicht kennen, hier eine kurze Erklärung: »Lan« bedeutet auf Türkisch so viel wie »Typ« oder »Mann« und ist in etwa mit dem deutschen »Alter« zu vergleichen. »Tamam« wiederum ist die türkische Form von »okay«. Die beiden Begriffe sind jedoch nicht die einzigen Beispiele für türkische Spuren in der heutigen deutschen Umgangssprache. Wie wir sehen werden, spielt die türkische Grammatik eine nicht unerhebliche Rolle beim Kurzdeutsch, insbesondere bei den Verkürzungen (Artikel, Kontraktion).

In dem Kapitel über die Medien habe ich bereits beschrieben, dass seit einigen Jahren auch die breite Öffentlichkeit dem Phänomen der multiethnisch geprägten Sprache verstärkt Aufmerksamkeit schenkt. Die Begriffe »Türkendeutsch« oder »Kanakendeutsch«, die beide einen eindeutig abwertenden, negativen Beigeschmack haben, sind im Laufe meiner Ausführungen schon öfter im Zusammenhang mit dem Kurzdeutsch aufgetaucht. Das ändert aber nichts an der Tatsache, dass die damit beschriebene Art zu sprechen überaus beliebt ist und gerade von jüngeren Menschen –

die damit ein bestimmtes Identitätsgefühl verbinden – bewusst kultiviert wird. Der enorme Erfolg von Filmen und Serien wie *Türkisch für Anfänger* oder *Fack ju Göhte* I und II sowie die Popularität vergleichbarer Buchpublikationen dürften nicht zuletzt auf diesen Sprachkult zurückzuführen sein.

Die *Süddeutsche Zeitung* veröffentlichte schon 2010 einen Artikel unter der Überschrift »Yalla, Lan! Bin ich Kino?«, in dem beschrieben wird, wie Jugendliche türkischer Herkunft die städtische Umgangssprache beeinflussen. Sprachforscher und andere Experten kommen regelmäßig zu Wort und stellen ihre Ergebnisse und Thesen vor. Vor ein paar Jahren sorgten etliche Artikel anlässlich einer Buchpublikation zeitweilig dafür, dass der mittlerweile überholte Begriff »Kiezdeutsch« in aller Munde war.

Neue Heimat

Die Arbeitsmigration gehört ebenso wie der Zuzug politischer Asylanten zu den größten Wanderbewegungen, die die Bundesrepublik Deutschland nach dem Zweiten Weltkrieg und über die Wiedervereinigung hinaus geprägt haben. Wegen des rasanten wirtschaftlichen Aufschwungs wurden von der Bundesrepublik Deutschland von 1960 an Millionen Menschen überwiegend aus der Türkei und aus Italien angeworben, um nach Deutschland zu kommen und hier zu arbeiten. Im Zuge dessen wandelten sich auch die Strukturen der Städte, die den neuen Lebensraum für die sogenannten Gastarbeiter boten. Gebraucht wurden die vielen

Neuankömmlinge vor allem im Straßenbau und für einfache, körperlich teilweise hochanstrengende Arbeiten in der Industrie. Im Jahr 1973 waren über 2,6 Millionen Beschäftigte in der Bundesrepublik ausländischer Herkunft. Dabei handelte es sich fast ausschließlich um junge Männer, die in ihren Heimatländern ohne Ausbildung und Anstellung keine vergleichbaren Chancen gehabt hätten.

Bei der zeitlich befristeten Gastarbeit, wie sie sich die Bundesregierung damals vorstellte, blieb es aber nicht. Anders als erwartet, kehrten die Männer nicht wieder in ihre Herkunftsländer zurück, sondern ließen ihre Familien nachziehen und wurden sesshaft. Die Baracken und Sammelunterkünfte, in denen man die meisten Arbeiter zunächst untergebracht hatte, waren für Familien ungeeignet. Die Stadtverwaltungen reagierten, indem sie in Vierteln mit hohem Leerstand Wohnungen bereitstellten.

So entstanden nach und nach ganze Stadtteile, die hauptsächlich von Migranten bewohnt wurden. Später sollten sich diese Viertel vor allem infolge allgemeiner wirtschaftlicher Schwächephasen und wenig Kontakt und Austausch mit anderen Bevölkerungsgruppen immer mehr zu »Problemkiezen« und sogenannten sozialen Brennpunkten entwickeln. In ihnen herrschten nicht nur Kinderreichtum und eine hohe Arbeitslosigkeit, sie bildeten auch regelrechte Parallelgesellschaften, die auf den größtenteils religiösen Vorstellungen und Traditionen des ehemaligen Heimatlandes beruhten.

Bis heute hat sich daran nicht viel geändert. Für diejenigen, die in diesen alten Gastarbeiterbezirken aufwachsen, bedeutet das, dass sie in ihrer Lebenswelt nach wie vor täglich die Grenzen zwischen zwei Kulturen überschreiten, die kaum Gemeinsamkeiten aufweisen. Das beginnt mit der Sprache (die eine wird zu Hause und in der Freizeit, die andere in der Schule und im Alltag, zum Beispiel an der Kasse oder bei der Behörde, gesprochen) und endet mit der Rolle von Mann und Frau in der Familie und in der Gesellschaft. Kleidungsstil, Wertesystem, Ziele, Aufgaben: Alles gibt es in zwei verschiedenen Versionen.

In dem sozialen Umfeld des Wohnorts, einem mehr oder weniger homogenen und klar von der Umgebung abgegrenzten Bereich, sprach man weder innerhalb der Familie noch unter Freunden und Bekannten Deutsch. Insofern ist das Leben mit mehreren Sprachen für die Bewohner in der Regel bis heute selbstverständlich, es führt aber auch zu sprachlichen Unsicherheiten, die sich in sozialen Ängsten ausdrücken können. Diese sind teilweise so groß, dass sie den Lebensalltag der jeweiligen Person stark einschränken können. So erzählte mir die 15-jährige Laisha aus Berlin-Neukölln: »Meine Mutter ist noch nie U-Bahn gefahren. Das würde sie auch glaub isch nich. Neukölln ist ein Ghetto – man kommt hier nicht raus, viele wollen aber auch nicht raus, wei' sie Angst haben.«

Ist das Grammatik oder kann das weg?

Schon 1968 gab es erste Studien, die das Deutsch von Gastarbeitern untersuchten. Obwohl alle aus unterschiedlichen Ländern stammten, war zu erkennen, dass sie die deutsche Sprache auf sehr ähnliche Weise gebrauchten. So kamen sie typischerweise ohne Verben aus (»Ich Bäcker«, »Ich Auto«), sie ließen den bestimmten oder unbestimmten Artikel weg (»Ich kaufe Ball«, »Da läuft Chef«) oder vermieden Präpositionen (»Er geht Aldi«, »Sie wohnt Iserlohn«).

Auch wenn sich die »Fehler« prinzipiell ähnelten, lässt sich doch zeigen, dass es vor allem Strukturen des Türkischen sind, die schließlich auf diese Weise Spuren im Kurzdeutsch hinterlassen haben.

In der Sprachforschung nennt man es eine Interferenz, wenn etwa die Grammatikstruktur einer Sprache eins zu eins auf die einer anderen Sprache angewendet wird. Das passiert natürlich vor allem dann, wenn man die »andere« Sprache nicht so gut beherrscht. Muss ein Deutscher im Urlaub oder am Telefon plötzlich Englisch reden, hören sich sein Satzbau und seine Aussprache oft sehr »deutsch« an. Sind wir nicht alle schon mal über typisch deutsche Satzkonstruktionen wie »How late is it?« für »Wie spät ist es?« oder »Have you tomorrow time to meet?« für »Hast du morgen Zeit, dich zu treffen?« gestolpert?

Interferenz

Welche Interferenzen beim Zusammenwirken von Türkisch und Deutsch auftreten, hat Inken Keim, eine ehemalige Sprachforscherin vom Institut für Deutsche Sprache in Mannheim, bereits 1978 in ihrer Doktorarbeit anschaulich dargestellt. Das, was wir heute als »Türkendeutsch« kennen, nannte sie »Gastarbeiterdeutsch«, um zum Ausdruck zu bringen, dass es sich um die Sprache der neu eingewanderten Menschen handelt. Anhand einiger ihrer darin zitierten Beispiele möchte ich die Interferenzen genauer erklären.

Deutsch: *Wo ist das Messer?*

Im Deutschen sind in diesem Fragesatz das Fragewort *Wo*, das Verb *ist*, das Substantiv *Messer* und der dazu passende bestimmt Artikel *das* zu finden.

Wenn es um Namen geht, können im Deutschen auch Fragesätze ohne einen Artikel formuliert werden (»Wo ist Frau Schneider?«, »Was macht Paul?«).

Ganz anders ist es im Türkischen, wo die oben gestellte Frage nur aus zwei Wörtern zusammengesetzt ist. Dabei wird die gesamte Grammatik in das eine Wort gesteckt, während das andere Wort in unveränderter Form bestehen bleibt. Das sieht dann so aus:

Türkisch: *Bıçak nerede?*

Im Türkischen wird das Substantiv *Messer* (Messer = *bıçak*) ohne Artikel an den Satzanfang gestellt. Der Frageteil, also das, woran erkennbar ist, dass es sich um eine Frage handelt, und die Bestimmung (*wo ist*) werden beide zusammen durch das kleine *de* am Ende des Verbs *nere* gebildet. (Der Fachbegriff für dieses »Anhängsel« lautet übrigens Suffix.)

Wenn nun ein türkischer Muttersprachler Deutsch spricht, kommt es oft zu der folgenden Form. Sie ist eine verkürzte Mischung aus den beiden jeweils im Deutschen und Türkischen richtigen Fragesätzen:

Gastarbeiterdeutsch: *Wo ist Messer?*

Die Satzstruktur an sich wäre im Deutschen vollkommen richtig – der Fehler besteht lediglich im Weglassen des Artikels. Ebendas ist in diesem Fall die Interferenz: die Grammatikübernahme aus dem Türkischen, wo es keine Artikel in unserem Sinne gibt. So entsteht eine Frage, die zwar von beiden Seiten verstanden wird, die aber weder im Türkischen noch im Deutschen korrekt ist.

Präposition und Kontraktion

Ein weiteres bekanntes Merkmal im Sprachübergang von Türkisch zu Deutsch ist das Auslassen der Präposition. Mit Hilfe von Präpositionen lassen sich ein Ort (»*auf* der Terrasse«), ein Zusammenhang (»*durch* den Unfall«), eine Zeit (»*nach* dem Frühstück«) oder ein Umstand (»*in* die Dose«) genauer angeben. Dabei steht im Deutschen die Präposition als ein eigenes einzelnes Wort für sich innerhalb der Satzstruktur.

Im Türkischen wird sie dagegen wiederum an das Bestimmungswort, etwa eine Ortsbezeichnung, angehängt. Letztlich entsteht so ein ähnliches Muster wie bei dem Fragesatz mit dem Messer:

Deutsch: *Ich wohne in Kreuzberg.*

Türkisch: *Kreuzbergde oturuyorum.*
(wörtlich: *Kreuzberg in wohne ich.*)

Gastarbeiterdeutsch: *Ich wohne Kreuzberg.*

»Ich wohne Kreuzberg« ist also die klassische Interferenz, aus der dann auch die Kontraktionsvermeidung entsteht (»Ich gehe Kino«, »Morgen muss ich Arzt«). So wie die Präpositionen in der Interferenz wegfallen, gibt es auch keine Artikel und folglich keine Kontraktionen (zum, ins, ans).

Doch nicht nur das Schlüsselphänomen Kontraktionsvermeidung lässt sich durch die türkische Grammatik erklären. Andere schon besprochene Komponenten des Kurzdeutschs sind ebenfalls darauf zurückzuführen, etwa das Auslassen von Artikeln auch außerhalb von Kontraktionen. Warum aber kommt es nach Generationen in Deutschland immer noch zu Kontraktionsvermeidungen? Und warum machen so viele deutsche Muttersprachler sie nach?

Die erste Frage hängt mit der beschriebenen Lebenssituation der Folgegenerationen der Gastarbeiter zusammen, sind sie doch einer permanenten Mehrsprachigkeit ausgesetzt – zu Hause Türkisch, im Alltag Deutsch – und müssen manchmal innerhalb kurzer Zeit von einer Sprache in die andere wechseln.

Die deutschen Muttersprachler haben, wie wir schon im vorherigen Kapitel zur Stadtsprache gesehen haben, sowieso einen Hang dazu, ihre komplexe Sprache im täglichen Leben so stark wie möglich zu vereinfachen. Da kommt der verkürzte Satzbau offenkundig gelegen. In ähnlicher Weise bestechen Kontraktionsvermeidung und die anderen Eigenheiten des Kurzdeutschs durch eine gewisse Bequemlichkeit in der Kommunikation, weshalb sie sich schnell einprägen und anwenden lassen.

Prosodie

Jenseits aller Verkürzungen in der Grammatik und möglicher Lautverschiebungen geht das Kurzdeutsch manchmal – aber keineswegs immer! – mit einer besonderen Prosodie einher. Die Sprachwissenschaft verwendet den Begriff »Prosodie«, um die hörbaren Eigenschaften von Sprache zu beschreiben. Dazu zählen beispielsweise der Klang der Stimme, Pausen, Betonung, Rhythmus, Satzakzent usw.

Anders als bei vielen Dialekten ist die kurzdeutsche Prosodie allerdings kein zwingendes Merkmal des Sprachstils, so wie ja auch nicht jeder Kurzdeutschsprecher »rischtisch« sagt, eine Besonderheit, die später noch zum Thema wird.

Vor allem in Situationen, in denen es um die Darstellung der eigenen Identität geht oder in denen man herummackern und/oder sich gegenüber anderen behaupten möchte, hört sich das Kurzdeutsch bei deutschen Muttersprachlern mitunter an wie ein deutsches Türkisch oder ein türkisches Deutsch, hart und falsch. Das liegt zum Beispiel daran, dass Sprachrhythmen, die aus dem multiethnischen Gemisch stammen, eins zu eins auf die deutsche Sprache übertragen werden. Dabei lässt sich oft gar nicht genau sagen, aus welcher Sprache diese Interferenz nun tatsächlich kommt. Es könnte Türkisch, aber auch Arabisch sein. Oder sogar beides zugleich.

Hinzu kommt, dass einzelne Silben oder ganze Wörter am Ende einer Aussage gerne in die Länge gezogen werden (»Lan, was machst duuu?«).

Anders als bei Sprechern mit türkischen oder arabischen Wurzeln wirkt diese besondere kurzdeutsche Prosodie bei deutschen Muttersprachlern oft sehr unnatürlich und aufgesetzt. Vergleicht man das Komikerduo Erkan & Stefan mit den Charakteren von Kaya Yanars *Was guckst du?*, wird der Unterschied sehr deutlich. Man hört einfach, wer nachahmt und wer es sozusagen mit der Muttermilch bekommen hat.

Ob nun aber authentisch oder gekünstelt, von Jugendlichen oder Erwachsenen verwendet, bitterernst oder belustigend gemeint – die lautlichen Eigenschaften des Kurzdeutschs unterstreichen noch einmal auf ihre Weise, was den gesamten Stil ausmacht: den Wunsch nach einer gewissen Coolness, Abgrenzung und Erhabenheit.

Wie du mir, so ich dir

Im Übrigen wird nicht nur das Deutsche vom Türkischen beeinflusst, sondern auch umgekehrt das Türkische vom Deutschen. Menschen mit türkischen Wurzeln, die in die Heimat ihrer Eltern und Großeltern reisen, werden dort mitunter eher spöttisch als »Alamancı« (im Sinne von Deutschtürken) bezeichnet, denn ihr Türkisch hört sich durch das Leben in Deutschland sehr »deutsch« an. Erkennbar ist das einerseits an einem eingeschränkten Wortschatz, andererseits und vor allem an dem anders ausgesprochenen Buchstaben *r*, der nicht so stark gerollt wird. Außerdem sind die Pausen und Betonungen wie überhaupt die ganze Prosodie eher an das »harte« Deutsch als an das »weiche« Türkisch angepasst. Das ist selbst bei Erwachsenen türkischer Abstammung zu beobachten, die nur wenige Jahre in Deutschland verbracht haben.

Kommen wir zum Schluss noch einmal kurz zurück auf Bülent und David und ihren Dialog am Anfang des Kapitels. Dieser eignet sich nämlich nicht nur gut, um den Einfluss von Türkisch auf das Kurzdeutsch zu erklären, sondern birgt noch eine weitere interessante Erscheinung des Sprachstils: das sogenannte Code-Switching, das Hin-und-Her-Springen zwischen zwei Sprachen innerhalb eines Satzes oder eines Gesprächs.

Code-Switching

Heute habe ich komplett frei und kümmere mich endlich um meinen Balkon. Seit Wochen freue ich mich schon auf diesen Tag, an dem ich endlich mein kleines Kräuterparadies pflegen will. Von Geranien bis Kohlrabi wächst, wuchert und gedeiht hier bereits alles, was das Botanikerherz begehrt. Schaut man auf die Balkone auf der gegenüberliegenden Straßenseite, kann man Balkonzwerge und -rehe erspähen. Eine Etage darunter sind es zwar nur Bierkästen auf nacktem Beton, aber selbst das kann für den einen oder anderen erfüllend sein.

Während ich mich hingebungsvoll der Pflege meiner Pflänzchen widme, komme ich nicht umhin, Gesprächsfetzen von Passanten aufzuschnappen, die an dem unter meinem Balkon liegenden Kiosk stehen bleiben, um sich ein Eis oder das erste Bier zu genehmigen. Sie unterhalten sich so angeregt und laut, dass ich gar nicht weghören kann.

So werde ich unfreiwillig Zeugin einer heftigen Diskussion zwischen ein paar jungen Männern und Frauen, die in verschiedenen Sprachen darüber streiten, wer denn wem jetzt noch Geld schulde und wer wem wann etwas geliehen habe und warum.

Markus: Lass mal Späti gehen, Lan*!

Enrico: Lan, hast du Geld? Ich krieg noch was von dir. Wallah**.
Wallah, Alter.

Markus: Was kriegste? Nüscht!

Cem: Lan, als dein Bruda Köln war, hat er alles bezahlt, Lan. Sei kein Spast.

Sandra: Hadi***, Mann, ich will hier nich Stunden steh'n.

Markus: Lan, nee.

Ich vermute, dass für niemanden aus der Gruppe außer für Cem Türkisch die Mutter- oder Zweitsprache ist. Trotzdem werfen sie wie selbstverständlich mit türkischen Begriffen um sich. Keiner von ihnen wirkt so, als besuche er noch die Schule. Im Schnitt würde ich alle auf Anfang zwanzig schätzen.

In dem kurzen Dialogausschnitt werden typische türkische Umgangsformeln (»Lan«, »wallah«, »hadi«) wie selbstverständlich mit der Kernbotschaft auf Deutsch kombiniert. Ebendiese Art, mehrere Sprachen in einem Satz zu gebrauchen, bezeichnet man in der Sprachforschung mit dem englischen Begriff »Code-Switching«.

Code bedeutet so viel wie Kommunikationssprache und bezieht sich darauf, wie man verbal oder nonverbal kommuniziert. Im Unterschied dazu steht der Terminus *language* für die Landessprache. In dem Beispiel wird der Code also gewechselt. Das kann innerhalb der gesamten Rede geschehen, innerhalb eines Satzes oder mitunter sogar innerhalb

---

* Türkisch für »Mann«/»Typ« im Sinne von »ey«
** Türkisch für »echt«
*** Türkisch für »mach schon«

eines einzelnen Wortes. Wenn uns also eine Freundin erzählt, dass die erschrockene Reaktion ihres Freundes auf die Frage, ob man vielleicht mal übers Zusammenziehen nachdenken sollte, »totally over the top« war oder unter jungen Mädchen der »Coolness-Faktor« von Ryan Gosling diskutiert wird, dann wissen wir, dass es sich in diesen Fällen um Code-Switching handelt. Falls jemand sagt: »Hello, my name ist Monika and ich arbeite at the office«, entspricht das genauso dem Phänomen wie das Wort »Käsebread«.

Diese Art von Code-Switching hat übrigens einen eigenen Namen – Denglisch, das bereits in vielen Agenturen und Marketingabteilungen fließend gesprochen wird. Dort hört man dann auch so Sätze wie »Erst hat sie es im Meeting angeteasert und dann doch gecancelled« oder »Ich brief dich noch mal für den Conference Call«.

Die Gründe, von der einen in die andere Sprache zu wechseln, sind oft sehr ähnlich. Manchen macht es Spaß, spielerisch ausländische Wörter in ein Gespräch einfließen zu lassen. Im Büro, im Verein oder sonst wo tauchen plötzlich gehäuft Floskeln wie »Mea culpa«, »No pasa nada« oder »C'est la vie« auf. Andere kennen ein bestimmtes Wort auf Deutsch nicht und behelfen sich mit einem anderssprachigen Ausdruck. Durch das permanente Code-Switching ist man es irgendwann schlicht und ergreifend gewöhnt, »Lan« statt »Alter« oder »quasi« statt »sozusagen« zu benutzen.

Allerdings gibt es auch Fälle, in denen man nicht von Code-Switching spricht. Für manchen Begriff ist einfach keine deutsche Entsprechung vorhanden, die mit einem Wort erklärt, was gemeint ist, beispielsweise »Fitnessstudio« oder »Oldtimer«. Hier hat man also keine wirkliche Wahl.

Umgekehrt hat das Englische einige deutsche Begriffe wie zum Beispiel »Kindergarten«, »Sauerkraut« und »Schnitzel« übernommen. Auch für »jodeln« oder »abseilen« gibt es keine adäquaten englischen Verben, so dass es tatsächlich »to jodel« und »to abseil« heißt.

Ich selbst habe das Code-Switching zum ersten Mal als festen Bestandteil des Kurzdeutschs kennengelernt, als ich für meine Studie in die Schulen gegangen bin. Anhand von Dialogen, die ich bei den Schülern mithörte, konnte ich die verschiedenen Arten des Code-Switching feststellen.

Die einfachste und unkomplizierteste Variante ist es, lediglich ein Wort aus einer anderen Sprache in einen deutschen Satz einzubauen. Dabei handelt es sich etwa um die türkische Bezeichnung »Lan«, die uns bereits häufiger begegnet ist, weil sie mittlerweile zur Alltagssprache vieler Großstadtjugendlicher gehört. Auch im folgenden Dialog an einer Realschule spielt sie eine Rolle, obwohl keiner der drei Sprecher türkischer Muttersprachler ist:

Kevin: Komm, wir gehn Späti, Lan!

Maik: Lan, es regnet. Voll behindert.

Stefan: Meine Oma sagt dann immer: ›Bist du Zucker?‹* Lass mal los. Oder bist du Zucker, Lan?

Diese einfache Form des Code-Switching lässt sich auch häufig bei Erwachsenen beobachten. Wenn sie sich bedanken möchten, rutscht ihnen gelegentlich schon mal ein »Merci!«

---

* Stefan meint den typischen Großmutterspruch »Bist du aus Zucker«. Er steht in Norddeutschland dafür, nicht so zimperlich zu sein.

heraus, oder sie murmeln ein kurzes »Sorry«, wenn sie jemanden versehentlich auf der Rolltreppe anrempeln. »I love you« geht manchen leichter über die Lippen als »Ich liebe dich«, und »Fuck you« lässt sich irgendwie hemmungsloser fluchen als »Fick dich«. Wem es endgültig reicht, der tut dies mit einem italienischen »Basta!« kund, und »D'accord« sind wir mit jemandem, dessen Meinung wir teilen, oder wir setzen es am Ende einer Frage ein, wenn wir höflich feststellen wollen, ob der andere uns zustimmt. »Shoppen« hat eine sprachliche Leichtigkeit, von der das schwerfällige »Einkaufen« nur träumen kann. Und »O.k.« ist so viel kürzer und prägnanter als »Ich bin einverstanden«.

Auch das Deutsche hat in anderen Sprachen seinen Niederschlag gefunden. Wer Hollywoodfilme im Original anschaut, wird erstaunt feststellen, dass in vielen Szenen das deutsche »Danke schön« zu hören ist. Ebenso kann es passieren, dass ein Amerikaner einem nach dem Niesen »Gesundheit!« wünscht, statt die englische Formel »Bless you!« zu sagen. Deutsche Floskeln erfreuen sich seit einigen Jahren großer Beliebtheit in den USA, die, was Fremdsprachen anbelangt, ja bekanntermaßen noch Nachholbedarf haben.

Geschieht das Code-Switching nun eigentlich eher bewusst oder unbewusst? Wechselt ein Schüler womöglich absichtlich in die Fremdsprache, damit die Lehrerin das Gesagte nicht versteht? Oder liegt es nur daran, dass er das eine oder andere deutsche Wort nicht kennt? Viele Lehrkräfte, mit denen ich nach meiner Untersuchung gesprochen habe, meinten, sie wüssten mittlerweile genau, wann ein Schüler »absichtlich« die Sprache wechselt und wann er tatsächlich Hilfe bei der Wortfindung braucht.

Hierfür ein Beispiel. Im folgenden Dialog ist Achmet so aufgedreht, dass er anscheinend gar nicht mitbekommt, in welcher Sprache er gerade spricht.

Achmet: Ben bir şey söyleyebilir miyim?*

Lehrerin: Ich kann dich nicht verstehen. Sag das bitte auf Deutsch!

Murat: Lan, almanca konus!**

Achmet: Darf ich was fragen?

Lehrerin: Ja, darfst du.

Achmet: Wann machen wir Wandertag?

Lehrerin: Ich sage euch rechtzeitig Bescheid.

Achmet: Gehen wir Spaßbad?

Lehrerin: Achmet, das entscheiden wir dann, wenn es so weit ist.

Achmet: Sadece sormak istedim.***

Besonders interessant war für mich, dass alle – wirklich alle! – Schüler im Raum Achmets türkische Sätze problemlos verstanden hatten. Die Lehrerin war die einzige Person deutscher Muttersprache, für die das nicht galt. Neben mir im Raum saß Melanie, die mir wie selbstverständlich übersetzte, was Achmet auf Türkisch gesagt und was Murat darauf geantwortet hatte. Das war ganz schön beeindruckend – und es sollte nicht die einzige derartige Erfahrung bleiben.

Auch an anderen Schulen konnte ich beobachten, dass Jugendliche deutscher Herkunft verstanden, was ihre Mitschü-

---

* Türkisch für »Kann ich etwas sagen?«
** Türkisch für »Sprich deutsch, Alter!«
*** Türkisch für »Ich wollte ja nur fragen«

ler in ihren jeweiligen Muttersprachen (Türkisch, Arabisch, Russisch, Bosnisch) von sich gaben. Nicht nur das, die meisten konnten viele Vokabeln sogar anwenden! Zwar handelte es sich dabei überwiegend um Schimpfwörter und Routinen wie »Guten Tag« und »Wie geht es dir?«, doch trotzdem entstand bei mir ein Eindruck von permanenter Zweisprachigkeit. Darüber hinaus gab es auch etliche Lehrer, die die türkischen Äußerungen ihrer Schützlinge ohne weiteres verstanden und entsprechend darauf reagieren konnten.

Es ist mal wieder Freitagmorgen. Die Klasse ist nicht vollzählig anwesend, die wenigen Schüler, die da sind, wirken jedoch motiviert, schließlich sollen sie von ihren eben absolvierten Schülerpraktika berichten. Nur Hasan steht ein wenig neben sich. Die Haare verwuschelt, das T-Shirt halb in die Jeans gestopft, lässt er eine provokante Bemerkung nach der anderen fallen und schafft es nicht, sich zu konzentrieren.

Hasan: Siktir git.* Allah kahretsin!**
Lehrerin: Hasan, hör mit dem Meckern auf und erzähl uns von deinem Praktikum.
Ayla: Mach schneller und sprich Deutsch – das ist ja peinlich.

Indem die Lehrerin routiniert auf Hasans Fluchen reagiert, bringt sie ihn am Ende sogar dazu, einen gelungenen Kurzvortrag zu halten. Der kleine Dialogausschnitt von Hasan, der Lehrerin und Ayla birgt noch eine andere entscheidende

* Türkisch für »Verpiss dich«
** Türkisch für »Verdammt!«, wörtlich: »Gottverdammt«.

Beobachtung, bei der Ayla im Mittelpunkt steht. Sie tut nämlich das, was ich bei vielen Schülerinnen, die Türkisch als Muttersprache haben, beobachten konnte: Sie verbittet sich, im Unterricht eine andere Sprache als Deutsch zu sprechen. Mitunter schämen sich junge Frauen wie Ayla sogar, wenn ihre Schulkameraden trotz guter Deutschkenntnisse immer wieder in ihre Muttersprache zurückfallen.

In vielen älteren Studien wird das Code-Switching nur als Ausdruck oder Folge einer mangelhaften Sprachkompetenz betrachtet. Man befürchtete vor allem, dass es am Ende zu einer »doppelten Halbsprachigkeit« führen könnte, also dass die Sprecher weder die eine noch die andere Sprache umfassend und fehlerfrei beherrschen. Unter dem Stichwort »Kompetenz« diskutiert die Wissenschaft mittlerweile jedoch eher die Vorteile, die das Aufwachsen mit mehr als einer Sprache mit sich bringt.

Kommen wir aber auf unsere Frage zurück, ob bzw. wann das Code-Switching bewusst oder unbewusst geschieht. Ein Beispiel für einen bewussten Einsatz wäre, wenn es als »Geheimsprache« dient, die niemand außer dem ausgewählten Gesprächspartner verstehen soll. Ebenfalls bewusst kann das Code-Switching als Stilmittel dienen. Denken wir nur einmal an die rituelle Beschimpfung zurück, bei der auch gerne auf andere Sprachen zurückgegriffen wird. Mehrsprachige Äußerungen dienen nicht zuletzt oft dazu, sich hervorzuheben, nach dem Motto: »Ich bin anders, ich bin besonders, ich kann etwas, was ihr nicht könnt.«

Dagegen switcht man zum Beispiel dann unbewusst in eine andere Sprache, wenn die eigene einen in die Bredouille bringen könnte. So ist »Fick dich« ein Ausdruck, der unter normalen Umständen in jeder Hinsicht vollkommen daneben ist. »Fuck you« oder die kurze Variante »fuck« hingegen ist in der Mitte der Gesellschaft angekommen und ein weitgehend akzeptiertes Schimpfwort. Schon etwas verzwickter ist es mit der Liebe. Seltsamerweise fällt es uns oft schwer, »Ich liebe dich« zu sagen, eine Formel, von der wir gelernt haben, dass man sie nur dann gebrauchen darf, wenn man sich seiner Sache sicher ist. Psychologisch leichter ist es für uns, stattdessen »Ich habe dich (ganz doll) lieb«, »Ich mag dich sehr« oder eben »I love you« zu sagen. Gerade Letzteres liegt unter anderem daran, dass die englische Variante irgendwie weniger bedeutungsschwer daherkommt. Die vermeintliche Oberflächlichkeit der anderen Sprache ist ein unterbewusster Automatismus, der greift, wenn von uns aus zu viele Gefühle im Spiel sind. Wir schützen also auch unser Herz und unsere Seele, wenn wir »codeswitchen«.

Auch wenn der Sprecher unkonzentriert ist und den Sprachwechsel nicht bemerkt, wie etwa der aufgedrehte Achmet aus dem Beispieldialog, kommt es zum unbewussten Code-Switching.

Zusammenfassend kann man festhalten, dass das Code-Switching weit verbreitet ist und sich auch als fester Bestandteil des Kurzdeutschs etabliert hat. Der spielerische und experimentelle Aspekt von Code-Switching macht es auch für deutsche Muttersprachler interessant. Es erweitert ihre Ausdrucksmöglichkeiten, ermöglicht ihnen, sich in irgendeiner Form vor anderen zu profilieren oder gezielt ein bestimmtes Rollenklischee zu bedienen.

Stichwort Profilierung: Wer einen ordentlichen Kurzdeutschsprecher abgeben will, muss auch ordentlich zischen können. Gemeint ist das markante *sch*, wie es zum Beispiel in der Wendung »Mach nisch so mit mir!« vorkommt. Wir haben es hier mit einem weiteren Merkmal von Kurzdeutsch zu tun, auch wenn es vielleicht noch nicht ganz so weit verbreitet ist. *Isch* stelle das gleich mal vor.

Rischtisch

Akim: Ey, isch glaube nisch, dass wir Kreuzberg gehen!

Ricardo: Alter, isch muss Kreuzberg!

Ben: Gehst du Hasenheide, Alter!

Mick: Spasten, deine Mutter wohnt Hasenheide!

Ben: Deine Mutter is so fett, dass Kran sie Arbeit bringt.

Ricardo: Alter, hört mal auf jetz'. Gehen wir jetzt Kreuzberg oder nisch?

Justin: Alter, isch bin dabei.

Mick: Warum gehen wir Kreuzberg?

Akim: Alter, isch glaub das noch nisch.

Was für ein schönes Beispiel für Jugendsprache, Kontraktionsvermeidung und Co. inklusive, mag der eine oder die andere jetzt zu Recht denken. Zusätzlich zu den uns schon bekannten Kurzdeutsch-Erscheinungen sticht hier aber noch ein neues Phänomen ins Auge: Mick, Justin, Ben, Akim und Ricardo, die Jungs, die entspannt auf einer Steintreppe unter einer großen Pappel auf dem Schulhof sitzen und nebenbei mit dem Mobiltelefon herumspielen, sind *sch*-Nutzer. Das ist unter anderem daran zu erkennen, dass das Wort »ich« zum für diesen Stil typischen »isch« wird (»Alter, isch glaub das noch nisch«).

Das kurzdeutsche *sch* ist allerdings ein rein akustisches Merkmal. Das bedeutet, es existiert bisher nur in der gesprochenen Sprache. Es wird besonders häufig von Sprechern

multiethnischer Herkunft genutzt, aber wie das Eingangs-
beispiel zeigt, verwenden auch deutsche Muttersprachler
Lautverschiebungen wie »isch«. Das gilt, wie ich von ihren
Lehrern weiß, für Ben und Ricardo. Und Akims Oma ist
zwar Türkin, er selbst ist jedoch zu Hause ebenfalls nur mit
Deutsch aufgewachsen.

Die Jungs fühlen sich in der Identität, die ihnen das Kurzdeutsch gibt, sicher. Sie können sich mit ihm profilieren und
abgrenzen. Auch und gerade die Tatsache, dass sie alle ständig den *sch*-Laut verwenden, vermittelt ihnen ein Gefühl
von Gruppenzugehörigkeit.

Wo wir schon von Dazugehören reden: Obwohl das *sch*
gar nicht so stark verbreitet ist wie andere Kurzdeutsch-Phä-
nomene, etwa die Artikelauslassung, ist es trotzdem multi-
medial präsent und fast so etwas wie ein Aushängeschild der
neuen Sprachkultur.

In Radio- und Zeitungsbeiträgen hat das *sch* oft zusammen mit der Kontraktionsvermeidung seinen Auftritt, wenn
es darum geht, eindeutig zu signalisieren: Achtung, Kurzdeutsch! In der Regel merkt der Hörer oder Leser sofort, was
»nicht richtig ist«. Geschrieben fällt ein Wort wie »rischtisch« viel schneller ins Auge als ein weggelassener Artikel. In
Überschriften kombiniert man gern mehrere Kurzdeutsch-
Elemente, was dann zum Beispiel so aussieht: »Alter, isch
schwör dir – isch mach dich Messer« (*Die Welt*, 2009). Was
das Fernsehen betrifft, haben unter anderem wieder die Komiker Erkan & Stefan durch ihre Adaption der *sch*-Laute die
Verbreitung des Sprachstils vorangetrieben.

Doch wo liegen die Ursprünge des Phänomens der *sch*-
Laute? Warum wird im Kurzdeutsch bei Wörtern wie »ich«,

»dich« oder »richtig« statt des *ch*-Lauts ein *sch*-Laut gesprochen?

Die deutsche Sprache kennt zwei verschiedene *ch*-Laute: das hart klingende *ach* (wie in Dach, Fach oder Rache) und das weich ausgesprochene *ich*. Die Sache wird sogar noch etwas komplizierter, denn im Deutschen gibt es gleich zwei weiche *ch*-Möglichkeiten. Da wäre zum einen die echte Variante, also Wörter wie »dich« oder »herzlich« oder »niedlich«. Zum anderen finden sich unechte Varianten, bei denen die Rechtschreibung ein wenig in die Irre führt. Ein Wort wie »richtig« hat – zumindest im Hochdeutschen – am Ende auch einen gesprochenen *ch*-Laut, obwohl es mit *-ig* geschrieben wird. Gesprochen heißt es ja »richtich«. Vergleichbare Beispiele sind »eilig«, »zügig« oder »einig«.

In der kurzdeutschen Aussprache werden nun viele Wörter, die einen oder mehrere gesprochene weiche *ch*-Laute haben, zu einem *sch* umfunktioniert. Die entsprechenden Formen sehen dann etwa wie folgt aus:

ich	→	isch
richtig	→	rischtisch
dich	→	disch
eilig	→	eilisch

Diese Lautverschiebung vom weichen *ch* zu dem noch viel weicheren *sch* findet man vor allem bei Menschen mit türkischen Wurzeln. Zufall? Wohl kaum, denn im Türkischen gibt es einen Laut wie das weiche *ch* nicht, und so können viele Sprecher mit türkischen Wurzeln ihn einfach nicht aussprechen.

Ein *sch*-Laut kommt dagegen im Türkischen vor, und auf ihn greifen die Sprecher anstelle des *ch*-Lautes kurzerhand zurück.

Ähnliche Probleme haben deutsche Muttersprachler gewöhnlich mit dem englischen *th*-Laut, wie überhaupt das Englische manche Herausforderungen in puncto Aussprache bietet. Da wir im Deutschen nichts Vergleichbares zum englischen *th* haben, fällt es uns schwerer, diesen Laut zu bilden. Manch einer kommt dabei übers Lispeln nicht hinaus, wie es die Schauspielerin Evelyn Hamann einmal in einem Loriot-Sketch unnachahmlich karikiert hat. Im Französischen, im Chinesischen und vielen weiteren Sprachen wie etwa einigen afrikanischen mit ihren Klicklauten finden sich ebensolche Aussprachefallen, die einmalig und deshalb für Nicht-Muttersprachler nur schwer erlernbar sind.

Kurzdeutsch besteht also nicht nur aus Vereinfachungen in der Grammatik und kreativen Beschimpfungstiraden, es hat auch eine eigene Prosodie mit Lautverschiebungen, die türkische Interferenzen sind. Wir erinnern uns: Das linguistische Fachwort »Prosodie« steht für die lautlich wiedergegebene Sprache in Tonfall, Melodie, Stimmqualität usw., also dafür, wie schnell oder langsam, wie hoch oder wie tief, wie fließend oder abgehackt oder, ganz banal, wie laut oder leise eine Person spricht. Mit Hilfe der prosodischen Eigenschaften kann man beispielsweise beschreiben, wie Angela Merkel spricht oder was die Beliebtheit bestimmter Synchronsprecher ausmacht. Prosodisch gehört es jedenfalls zum Image eines hartgesottenen Kurzdeutschsprechers, die Worte hart und abgehackt auszusprechen – und eben die *ch*-Laute nach

Kräften zu »zischen«. Die Sprachmelodie erinnert an Türkisch, nur dass Deutsch gesprochen wird.

Ich habe das Adjektiv »hartgesotten« bewusst gewählt, denn noch sind es nur die sehr überzeugten Kurzdeutschnutzer, die mehr oder weniger konsequent so *sch*-lastig reden. Ansonsten wird diese Eigenheit noch lange nicht so häufig und selbstverständlich verwendet wie andere Phänomene des Kurzdeutschs.

Das heißt konkret, wenn Katja von nebenan nur in bestimmten, sehr emotional aufgeladenen Situationen ein kurzdeutsches »Dann geh ich eben Solarium« in den Raum brüllt und sich schnaufend umdreht, muss sie nicht automatisch auch »isch« statt »ich« sagen.

Wenn es auch noch nicht durch alle gesellschaftlichen Schichten durchgedrungen ist, so heißt das noch lange nicht, dass es keine Nutzer deutscher Herkunft gibt. Immer wieder fallen mir Personen auf, die ohne Interferenz ordentlich »zischen«. Doch aus den oben beschriebenen Gründen lässt sich nur bei deutschen Muttersprachlern mit Sicherheit davon ausgehen, dass der jeweilige Sprecher das Kurzdeutschelement ganz bewusst einsetzt.

Um noch einmal auf Ricardo, Mick und seine Freunde aus unserem Anfangsbeispiel zurückzukommen: Da keiner von ihnen Türkisch beherrscht, hört sich ihr »isch« jeweils nicht ganz authentisch an und wirkt irgendwie gekünstelt. Dennoch ist es ganz offenkundig ein bewusst gewähltes Stilmittel, das zum festen Sprachrepertoire der Jungen gehört.

Oft, und diesen Eindruck habe ich auch bei der Gruppe, wird das »isch« gleichsam wie ein Ass aus dem Ärmel gezogen. Wenn nämlich alle anderen in der Bezugsgruppe, im Betrieb oder im Jugendclub ebenfalls schon das gesamte Spektrum des Kurzdeutschs oder zumindest die Klassiker Kontraktionsvermeidung, Artikelauslassung und rituelle Beschimpfung benutzen, ist es gar nicht mehr so leicht, sich angemessen abzugrenzen. Also wird das *sch* so oft wie möglich eingebaut.

Interessanterweise kann man sich auch bei Sprechern türkischer Herkunft nie ganz sicher sein, ob sie wegen der Lautverschiebung in ihrer ersten Muttersprache »zischen« oder weil sie es womöglich selbst cool finden. Schließlich bleibt auch Sprechern multiethnischer Herkunft nicht verborgen, wie beliebt und verbreitet das Kurzdeutsch inzwischen ist.

Nehmen wir zum Beispiel die 26-jährige Fatma. Sie kann Wörter wie »ich« oder »natürlich« problemlos deutsch aussprechen, da sie in Bochum geboren und aufgewachsen ist. Sie will es aber nicht. Fatma ist Deutsche mit türkischen Wurzeln – ihre Eltern und Großeltern aus Anatolien sind zum Arbeiten nach Deutschland gekommen. Wenn sie Anatolien erwähnt, huscht ein verschmitztes Lächeln über ihr Gesicht, so dass kurz ein Lippenbändchenpiercing aufblitzt. Anatolien, sagt sie, sei nämlich die Region in der Türkei, die in der Außenwahrnehmung allen Klischees und Vorurteilen gegenüber ehemaligen Gastarbeitern entspreche und für »ihre dummen Bauern« bekannt sei.

Fatma selbst war noch nie dort. Da hat sie »auch kein' Bock drauf, da können die meisten nisch ma lesen«. Ihre Freunde deutscher Herkunft beschreiben sie als deutscher, als sie es selbst seien. Fatma liebt die traditionelle deutsche Hausmannskost, kennt die Namen fast aller Flüsse und Berge hierzulande und würde am liebsten den Fußballer Sebastian Schweinsteiger heiraten. Nach ihrem mittleren Schulabschluss, den sie als Klassenbeste gemacht hat, hat sie eine Ausbildung zur Erzieherin absolviert. Seit ein paar Jahren arbeitet sie als Leiterin der Kleinstkindergruppe in einer deutsch-chinesischen Kita in Nordrhein-Westfalen.

Bei unserem Treffen überrascht mich Fatma immer wieder mit ihren Lebensumständen und Ansichten. Sprachlich profiliert sie sich ganz stark durch ihr Kurzdeutsch. Es gehört zu ihr und ist ein wichtiger Teil ihrer Identität. Nicht nur in ihrer Freizeit, sondern auch in der Kita, bei Elternversammlungen, beim Einkaufen oder beim Arztbesuch.

Als Kind kannte sie das Kurzdeutsch schon, aus der Schule und auch in der Ausbildung. Alle ihre Freunde verzichten auf Präpositionen und Artikel, alle sagen »isch« statt »ich« – auch diejenigen, die gar keine türkischen Wurzeln haben. Das *sch* ist in ihrem Umfeld so selbstverständlich wie Zähneputzen.

Ich will wissen, warum sie auch in der Kita kein Hochdeutsch spricht und was die Eltern der Kinder dazu sagen.

Sie meint, dass es in einer deutsch-chinesischen Kita gar nicht so darauf ankomme, wie sie spricht. Da die Kinder sowieso mit zwei Sprachen aufwachsen sollten und der Schwerpunkt auf dem Chinesischen liege, seien die meisten Eltern froh, dass die Kleinen überhaupt Deutsch lernten. Außerdem stehe in der Altersgruppe, die sie betreut, das Erlernen von einzelnen Wörtern wie »Haus«, »Hund« oder »Auto« viel mehr im Vordergrund als grammatische und phonetische Feinheiten. Deshalb mache sie sich darüber keine Sorgen, und im Übrigen sei sie bislang noch nie auf ihr Kurzdeutsch angesprochen oder dafür kritisiert worden.

Ob sie generell schon einmal wegen ihres Sprachstils diskriminiert worden sei, frage ich sie dann ganz direkt. »Nisch mehr als jemand, der sächselt«, antwortet sie mir grinsend, so dass ich das Piercing wieder sehe. »So wie isch rede, reden bald alle«, führt sie weiter aus, »es ist bald wie ein ganz normaler Dialekt. Isch lach ja auch nisch über die in Bayern.«

Fatma steht also für Sprecher mit türkischen Wurzeln, die nicht deshalb »zischen«, weil sie es nicht anders können, sondern weil sie es ganz bewusst kultivieren.

Abschließend zum Thema *sch*-Laute muss allerdings noch geklärt werden, warum es zwar »isch« heißt, warum aber aus »Dach« nicht »Dasch« wird und aus »Sache« nicht »Sasche«.

Die Antwort ist ganz simpel: Dieser zweite *ch*-Laut wird im Gegensatz zu dem ersten härter ausgesprochen, beispielsweise in dem Ausruf »Ach« (»Ach du meine Güte!«), in »Schach« oder »Lachen«. Eine vergleichbare harte Variante des *ch* ist im Türkischen sehr wohl vorhanden. Insofern ist es für Sprecher mit türkischen Wurzeln keine Herausforderung, »Achtung« zu rufen oder das Wort »machen« zu verwenden.

Ich habe bereits darauf hingewiesen, dass es letztlich eine überschaubare Zahl von Sprechern ist, die das weiche *ch* wie *sch* aussprechen. Die Frage ist aber natürlich, ob sich diese Lautverschiebung ähnlich wie die Kontraktionsvermeidung in die allgemeine Umgangssprache ausbreiten könnte. Immerhin findet sich das »isch« schon in etlichen deutschen Dialekten, und somit scheint das Feld bereitet.

Ich denke jedoch, dass es eher eine Sonderform bleiben wird, die für viele Sprecher schlicht eine zu starke Veränderung der Aussprache bedeuten würde. Wer es sein Leben lang gewöhnt ist, Wörter wie »ich« richtig auszusprechen, dürfte resistenter gegen solche Veränderungen sein. Auch größere Bequemlichkeit dürfte hier keine ausschlaggebende Rolle spielen, denn anders als bei der Artikelvermeidung wird die Sprache nicht knapper. Wer sich das *sch* dennoch antrainiert, nimmt wie unsere drei Sprecher auf der Steintreppe in Kauf, dass sich das Ganze reichlich aufgesetzt anhört.

Die Lautverschiebung hin zu *sch* ist und bleibt damit vermutlich nur eine stilistische Ergänzung des Kurzdeutschs, die in erster Linie eine Interferenz aus dem Türkischen ist.

Exkurs: Das alte *sch*

Leserinnen und Leser, die in Süddeutschland leben oder Freunde und Verwandte dort haben, sind sicherlich etwas erstaunt, dass »ihr« *sch*-Laut einfach so dem Kurzdeutsch zugeordnet wird, der so charakteristisch für die Dialekte in diesem Raum ist. Einer davon ist das Schwäbische, das sich mit seiner eigenen Grammatik, eigenen Aussprache und seinem eigenen Wortschatz über Jahrhunderte entwickelt hat – jenseits von ethnolektalen und stadtsprachlichen Einflüssen. Es hat seine Wurzeln nämlich nachweisbar schon in der Zeit der alten Römer.

Wer nicht aus den Regionen in Bayern oder Baden-Württemberg kommt, in denen das Schwäbische gesprochen wird, bringt diesen Dialekt in der Regel – und nicht zu Unrecht – mit viel *sch* in Verbindung. Er klingt sehr weich: Typische

Schwaben sagen »Angschd« statt »Angst« oder »Muschkel« statt »Muskel«.

Bekannte schwäbische Formen mit der entsprechenden Lautverschiebung vom Hochdeutschen hin zum *sch* sind etwa:

er ist	→	er ischt
du musst	→	du musch(t)
du kannst	→	du kannsch(t)

Wenn man das einmal vor sich hin murmelt, erkennt man schnell, dass es im Schwäbischen eher keine harten Aussprachen gibt. Was im Hochdeutsch scharf klingt (»musst«), wird durch das Schwäbische weich. Die betreffende Lautverschiebung hat traditionelle Ursachen und keinerlei multiethnische. Deshalb sind es tatsächlich zwei Paar Schuhe, von denen wir hier reden: auf der einen Seite das kurzdeutsche *sch*, das auf die türkische Lautverschiebung zurückgeht, auf der anderen Seite das traditionelle *sch* der deutschen Dialekte. Beide Phänomene haben bisher nichts miteinander zu tun.

Das könnte sich im Zuge der Verbreitung des Kurzdeutschs natürlich ändern. Wer weiß, vielleicht sind Menschen, die die *sch*-Laute von klein auf kennen, in Zukunft prädestiniert, auch das kurzdeutsche »isch« zu verwenden? Schließlich kennen wir mit dem Berlinerischen bereits ein Beispiel dafür, wie sich traditionelle und neue Sprachformen mischen können.

Artikel 3.0

Wir haben ja nun bereits reichlich Anschauungsmaterial ge-
sammelt, das die Behauptung bestätigt, wonach sich Sprache – konkret das Deutsche – ständig weiterentwickelt und
verändert. Somit wäre es nur logisch, wenn auch die Phänomene des Kurzdeutschs dieser Art Evolution unterlägen, also
stetig neue Formen und Ausprägungen bildeten. Allerdings
könnte man durchaus fragen, wie eine solche Veränderung
überhaupt aussehen sollte. Noch mehr weglassen? Noch kürzer werden? Geht doch gar nicht!

Geht sehr wohl! In der Tat lässt sich bei der Artikelvermeidung just eine solche weitere Verkürzung beobachten.

Plötzlich da

Zum ersten Mal hellhörig wurde ich, als mir meine Freundin Jana aus München, die als Sozialarbeiterin Jugendliche
betreut, von einem Besuch im Münchner Tierpark berichtete, den sie zusammen mit ihren Schützlingen unternommen
hatte. Dabei war ihr irgendwann aufgefallen, dass keiner der
Jugendlichen die gewöhnlichen deutschen Artikel verwendete – als hätte sich die Gruppe abgesprochen. Allerdings
vermieden sie die Artikel nicht pauschal, sondern benutzten stattdessen durchweg eine verkürzte Variante. Ob Tier,
Mensch oder Sache – alles war auf einmal nur *d'*: »d' Gi-

raffe«, »d' Eisbär«, »d' Pinguin«, »d' Mülleimer« usw. Von den drei Buchstaben unserer bestimmten Artikel war nur ein einziger Buchstabe übriggeblieben, eine Art Allzweckartikel.

Ich war beeindruckt, machte mir Notizen, verfolgte das Ganze zunächst aber nicht weiter. Es hätte ja auch einfach eine sprachspielerische Marotte dieser speziellen Gruppe oder eine Münchner Eigenheit sein können.

Als mir dann aber wenige Wochen später und mehrere Hundert Kilometer weiter nördlich ein Berliner Apotheker amüsiert von der neuesten seltsamen Angewohnheit seines Sohnes erzählte, der statt *der, die* und *das* nur noch *d'* benutze, beschloss ich, der Sache auf den Grund zu gehen. Der »Kurzartikel«, wie ich das Phänomen ab sofort nannte, war offenbar keineswegs bloß eine Spielerei aus der bayerischen Hauptstadt, sondern auch schon im Norden angekommen. Doch wo genau kam das her? Was hatte es damit auf sich? Handelte es sich dabei womöglich nur um eine besonders clevere Strategie, dem Artikeldilemma in der deutschen Sprache ein für alle Mal ein Schnippchen zu schlagen?

Robert, besagter Apothekersohn, den ich freundlicherweise nach seinem Handballtraining sprechen durfte, meinte, er hätte es aus seiner Schule in Berlin-Wedding. Dort würden jetzt alle, die etwas auf sich halten, so reden. Beim Stichwort »Wedding« horchte ich auf. Keine Frage: Es war an der Zeit, ein soziolinguistisches Insidergespräch zum Thema Kurzartikel mit einem Experten vor Ort zu führen …

Mein Ghetto, meine Hood

Wedding ist als klassischer Problemkiez bekannt. Mehr als 48 Prozent der Einwohner haben einen Migrationshintergrund, in manchen Vierteln sind es fast 60 Prozent, 30 Prozent der Bewohner, die einen deutschen Pass haben, sind ausländischer Herkunft. Deshalb wird der Bezirk neben Kreuzberg und Neukölln auch oft als Paradebeispiel für urbanes multikulturelles Leben genannt.

In den Kriminalstatistiken nimmt Wedding immer einen der vorderen Plätze ein, vor allem bei Einbrüchen, Gewaltdelikten, Raub und Jugendkriminalität. Zahlreiche Bahnhöfe in Wedding gehören zu den sogenannten kriminalitätsbelasteten Orten, an denen die Polizei Sonderrechte wie spontane Ausweiskontrollen oder Taschendurchsuchungen geltend machen kann. Eine Zeitlang galt der Bezirk sogar als No-go-Area für Touristen.

Inzwischen hat aber auch in Berlin-Wedding die Gentrifizierung begonnen. Es wird saniert, Cafés, Ateliers und Tanzschulen eröffnen, junge deutsche Familien ziehen zu. Doch im Herzen von Wedding ist davon noch nicht viel angekommen. Hier liegt die Arbeitslosenquote seit Jahrzehnten konstant um die 20 Prozent. Während die Weddinger ihr Lebensumfeld in einem Spektrum von »bunt gemischt« bis hin zu »Ghetto« beschreiben, verbinden Außenstehende den Stadtteil nach wie vor eher mit Perspektivlosigkeit, Tristesse und sozialer Unsicherheit.

Ali habe ich während eines meiner Schulbesuche kennengelernt, bei dem ich dem Deutschunterricht einer Abschlussklasse einer Realschule beiwohnte. Da der Raum sehr eng war, saß ich damals neben Ali an der Wand in der Ecke. So bekam Ali ziemlich schnell mit, dass ich keineswegs eine Referendarin war, sondern fleißig Dialoge mitschrieb und Sitzordnungen und Wortmeldungen notierte.

Netterweise hat er mich damals nicht auffliegen lassen, obwohl ihm das als extrovertiertem Klassenclown sicher große Aufmerksamkeit beschert hätte. Offenbar war er jedoch viel zu interessiert an dem, was ich da tat. Während seine Freunde an jenem Freitag gleich nach Unterrichtsende aus der Schule stürmten, kramte Ali auffällig lange in seinen Sachen herum, bis wir schließlich allein im Raum waren. Dann baute er sich vor mir auf, sah mich herausfordernd an und fragte, ob ich auch eine von denen sei, die bloß gucken wollten, wie dumm sie alle seien.

Die Frage kam so unerwartet, dass ich im ersten Moment nicht wusste, was ich sagen sollte. Am Ende beschloss ich, Ali einzuweihen und ihm genau zu erklären, was ich eigentlich untersuchte und warum ich das tat.

Auf unserem gemeinsamen Weg zum S-Bahnhof unterhielten wir uns über Sprache, Soziolinguistik, den Stadtteil Wedding, Waffen, Schule und das Leben als »Migrationskind«, wie Ali es selbst nannte. Das Gespräch war für uns beide so ergiebig und interessant, dass wir unsere Telefonnummern austauschten und ich versprach, mich bei ihm zu melden.

Nachgefragt

Genau das tat ich eine Weile später in Bezug auf die neu entdeckten Kurzartikel, weil ich mir von Ali Antworten auf meine offenen Fragen und Vermutungen erhoffte. Ali bot sich deshalb an, weil er nicht nur der Prototyp eines klassischen Kurzdeutsch-Sprechers der ersten Stunde ist, sondern darüber hinaus ein Grundverständnis für Sprache hat, Dinge auf den Punkt bringen kann und offen und kommunikativ ist.

Er freute sich sichtlich darüber, dass sich einmal jemand für etwas anderes interessierte als seine ausländischen Wurzeln oder sein kleinkriminelles Strafregister bei der Polizei. Ali ist übrigens auch sein richtiger Name. Als ich ihm sagte, ich würde wie bei allen anderen von mir zitierten Sprechern auch seinen Namen ändern, lachte er nur. Allein in seinem Umfeld gebe es so viele Alis, dass kein Mensch je darauf käme, dass er es sein könnte. Auch als ich sagte, dass ich sein soziales Umfeld, die Lebensumstände und den Bezirk Wedding charakterisieren würde, hatte er keine Bedenken. Er meinte nur, dass er eigentlich ganz schön stolz darauf sei, so ein cooler Typ zu sein.

Doch nun zu dem Sprachphänomen, das den Anlass zu unserem Treffen gab. Was war davon zu halten, wenn ein Satz mit der klassischen Artikelvermeidung wie »Gib mir Cola« plötzlich zu »Gib mir d' Cola« wird?

Ich wollte von Ali wissen, ob er solche Formulierungen mit Kurzartikel schon gehört habe. Und wenn ja, wer so spreche und wie sich das Phänomen seiner Meinung nach erklären ließe. Wie sich herausstellte, war der Kurzartikel für Ali alles andere als neu, sondern eher schon Umgangssprache – zumindest in seiner Lebenswelt. Er bot mir auch prompt an, gemeinsam mit ihm in einem Kampfsportverein und einem Nachbarschaftszentrum weitere Nachforschungen anzustellen.

Doch zunächst gab er mir einen umfassenden Einblick, wer eigentlich die Sprecher des Kurzartikels sind. Anwender seien vor allem junge Erwachsene, die sich ihrerseits von den »richtigen Migranten« abheben und gleichzeitig »ihr eigenes Ding« mit der Sprache machen wollten. Im Grunde geht es also um Innovation, Identität und Profilierung.

Wenn auf einmal alle Kurzdeutsch benutzten, meinte Ali, also auch die Medien und Menschen ohne multiethnischen Hintergrund, verliere es seinen Ausnahmecharakter. Man könne sich damit nicht mehr richtig abgrenzen und identifizieren. Folglich müsse etwas Neues her.

Die Verwendung des Kurzartikels ist nun genau das: innovativ. Für Ali hatte es einen Hauch von Französisch. Er selbst könne zwar nicht so gut Französisch, aber ein Rapper, den er mag, habe in einem Lied auch französische Passagen drin, und das gefalle ihm. Es klinge irgendwie exotisch und extravagant. »So Türkisch und Arabisch kann ja hier fast jeder. Sogar d' richtig Deutschen. Also die ohne Ausländereltern. Alle. Echt jed'r. Is nichts Besonderes mehr. Auch mein alter Lehrer kennt so ›Lan‹ und so. Wenn man flucht, versteht er es.«

Die Menschen, die statt des vollständigen Artikels die Kurzform *d'* benutzen, möchten Ali zufolge zeigen, dass sie Deutsche sind und keine Ausländer. Viele hätten es satt, einfach nur als »dumme Migrantenkinder« betrachtet zu werden, die kein richtiges Deutsch könnten. So könne man zumindest so tun, als ob man den richtigen Artikel kennt und als wäre man einfach »nur zu cool, den auch auszusprechen«. Nebenbei grenzt man sich damit auch von denen ab, die kein richtiges Deutsch können und deshalb überhaupt keinen Artikel verwenden. Und nicht zuletzt, so Ali, seien die Chancen auf einen Ausbildungsplatz besser, wenn man zumindest ein *d'* vor jedes Wort stelle. Das wirke klüger.

Alis Ausführungen fassen im Kern das zusammen, was ich dann auch bei anderen Sprechern des Kurzartikels wahrgenommen habe. Bei allen handelte es sich um junge, aufgeschlossene Menschen, deren Familiengeschichte durch Einwanderung geprägt war, von der sie sich aber dezidiert emanzipieren wollten.

Wenn ich im Rahmen von Vorträgen oder Expertengesprächen den Kurzartikel als Phänomen erwähne, bekomme ich immer wieder zu hören, wie »französisch« ein geschriebenes Wort mit Kurzartikel doch aussehe, dass das für die Schriftsprache ja gar nicht so unattraktiv und für Nichtmuttersprachler vermutlich eine gute Alternative zum mühseligen Auswendiglernen der Artikel wäre. Alis Beobachtungen werden hiermit bestätigt.

Im Schwäbischen gibt es übrigens auch eine Art Kurzartikel. Aus »die Brust« wird dort »d' Bruschd«. Bei männlichen Formen werden allerdings zwei Buchstaben gesprochen: »der Stein« wird zu »dr Schdoi«. Trotz der auffälligen Ähnlichkeiten besteht jedoch keine Verbindung zwischen dem Kurzartikel des Kurzdeutschs und dem des Schwäbischen.

Ob der Kurzartikel *d'* im gleichen Maße wie die Artikelvermeidung in der Umgangssprache von Hamburg bis München Fuß fassen kann, bleibt abzuwarten. In jedem Fall müsste das neue Phänomen dazu über die Altersgruppe der Jugendlichen hinaus an Popularität gewinnen. Wer weiß, vielleicht heißt es irgendwann ja sogar »D'Apfel fällt nicht weit Stamm« oder »Rotkäppchen und d' böse Wolf«.

Quo vadis, Kurzdeutsch?

Nach so vielen sprachwissenschaftlichen Fakten, Hintergründen und Beispielen bleibt natürlich noch die Frage offen, wie und ob sich das Kurzdeutsch nun tatsächlich dauerhaft etablieren wird. Grundsätzlich scheinen mir drei Szenarien denkbar. Erstens: Irgendwann finden alle Kurzdeutsch uncool und sprechen es nicht mehr. Das setzt allerdings voraus, dass eine andere Sprachvariante an dessen Stelle tritt. Zweitens: Kurzdeutsch bleibt eine Generationensprache – die nachfolgende Generation verbindet nichts mehr mit diesem Sprachstil bzw. entwickelt einen eigenen, und Kurzdeutsch bleibt nur bei den Älteren erhalten. Drittens: Kurzdeutsch geht in die Stadtsprache über und nimmt allgemein Einfluss auf die Sprechsprache.

Szenario I: Veni

Das erste und, um es nicht zu spannend zu machen, in meinen Augen unwahrscheinlichste Szenario bestünde darin, dass das Kurzdeutsch in absehbarer Zeit mehr oder weniger sang- und klanglos wieder aus unserem Sprachalltag verschwindet. Denkbar wäre zum Beispiel, dass es seine Beliebtheit nach und nach einbüßt und entsprechend nicht mehr als cooler und attraktiver Sprachstil wahrgenommen wird. Womöglich gilt es dann nur noch als peinlich, so zu reden.

In dem Fall würden, vermutlich wieder stark befördert durch das Internet und die sozialen Netzwerke, andere Sprachphänomene an seine Stelle treten, die den Sprechern neue Identifikations- und Abgrenzungsmöglichkeiten bieten.

Ansatzweise sehen wir eine solche Tendenz bereits bei Ali, dem jungen Mann aus Berlin-Wedding, der statt gar keinen Artikel lieber den Kurzartikel *d'* verwendet, um klüger und weniger türkischstämmig zu wirken.

Bei diesem Szenario würden wohl nur die Sprachroutinen überleben, die es auch schon lange vor dem Kurzdeutsch gegeben hat. Ein Beispiel wäre die Routine »Alter«, die bereits seit Jahrzehnten in der Umgangssprache verankert ist. Die Formel »Ich schwöre« würde hingegen wohl wieder fast ausschließlich in einem juristischen Kontext, etwa vor Gericht, gebraucht.

Wenn immer weniger Sprecher Kurzdeutsch verwenden, bildet der Sprachstil unter den folgenden Generationen allenfalls noch ein Randphänomen mit mutmaßlich schlechtem Image. Zukünftige Sprachforscher dürften das Kurzdeutsch zu den »besonderen Erscheinungen einer langlebigen Jugendsprache« zählen, auch wenn wir wissen, dass es bereits seit einiger Zeit keine Jugendsprache mehr ist.

Wie schon angedeutet, halte ich ein solches Szenario für nicht sehr wahrscheinlich, unter anderem deshalb, weil ich momentan keine Anzeichen dafür sehe, dass ein anderer Sprachstil oder ein anderes sprachliches Phänomen eine dem Kurzdeutsch vergleichbare Bedeutung und Verbreitung erreichen könnte. Aber wer weiß, ob nicht doch aus der

Jugendsprache oder anderswoher unerwartet neue Einflüsse und Trends auftauchen. Es schadet jedenfalls sicher nicht, die Ohren offen zu halten.

Szenario II: Vidi

In einem zweiten Szenario würde aus dem Kurzdeutsch, wie es sich derzeit darstellt, eine sogenannte Generationensprache. Das heißt, diejenigen, die es bereits verwenden oder die gerade dabei sind, zumindest punktuell Elemente davon in ihre Alltagssprache zu übernehmen, behalten den Sprachstil bei. Die heute 20- bis 40-Jährigen werden also ihr Leben lang Kurzdeutsch reden. Die nachfolgende Generation jedoch geht neue Wege und benutzt keine kurzdeutschen Eigenheiten mehr.

Vergleichbare Situationen hat es in der jüngeren Sprachgeschichte schon häufiger gegeben. So hat etwa der Linguist Jürgen Beneke in den 1980er Jahren die Sprache junger Menschen in der DDR, überwiegend in Berlin, untersucht. Dabei ist er auf einige sprachliche Besonderheiten gestoßen, die, da sie auch von Erwachsenen gesprochen wurden, sich nicht mehr der Jugendsprache allein zuordnen ließen, sondern offenbar bereits ihren Weg in die allgemeine Umgangssprache der Stadt gefunden hatten.

Als Beneke Jahre später die gleichen sprachlichen Merkmale noch einmal untersuchte, stellte er überrascht fest, dass diese inzwischen »aus der Mode« gekommen waren. Sie waren allerdings nicht völlig verschwunden – was ein Beispiel für das erste Szenario gewesen wäre –, sondern wurden nur noch von einem Kreis von ganz bestimmten Sprechern verwendet. Die Sprecher waren (und sind) ungefähr im gleichen Alter und fanden in ihrer Jugend Formulierungen wie »Tschüssikowski« (statt »Auf Wiedersehen«) attraktiv. Sie waren in den 1980er Jahren zwischen 15 und 30 Jahre alt und haben vermutlich wegen der »guten Erinnerungen« an diese Zeit diese und ähnliche Wortschöpfungen in ihrem aktiven Wortschatz beibehalten. Weitere Beispiele dieser Generationensprache wären »Zum Bleistift« (statt »Zum Beispiel«) und »Dummer Hund« (statt »Na und?« im Sinne von »Es ist mir egal«). Einige Leser und Hörer, mit denen ich darüber ausführlich diskutiert habe, sind der Meinung, dass auch das allseits bekannte »Stück mal ein Rück« (statt »Rück mal ein Stück«) dazugehört.

Zwar ist Letzteres noch relativ häufig in der Arbeitswelt zu finden, es wird jedoch auch da überwiegend von Sprechern ab einem gewissen Alter verwendet. Wer deutlich jünger ist, kennt die Wendung wohl entweder von den Eltern oder eben vom Arbeitsplatz, nicht aber aktiv aus der eigenen Sprechergeneration.

Zum Wesen einer Generationensprache gehört es übrigens, dass sich der pubertierende Enkel jedes Mal in Grund und Boden schämt, wenn der Großvater schon wieder »Zum Bleistift« zu ihm sagt. Was für den alten Herrn vollkommen normal ist, finden heutige Jugendliche nur noch peinlich, zumal sie diese und ähnliche Sprachgewohnheiten nicht selbst »erfunden« haben und sich folglich weder damit identifizieren können noch einen Bezug dazu haben. Sosehr der Enkel seinen Großvater ansonsten schätzen mag, er wird so alte Sprüche wie »Zum Bleistift« nicht übernehmen und sich, wie

Jugendliche es seit jeher tun, stattdessen eigenen Wortschöpfungen und Sprachspielen widmen.

In ähnlicher Weise könnte es theoretisch auch dem Kurzdeutsch widerfahren: Für die jetzige Generation bleibt es auch weiterhin mehr oder weniger selbstverständlich Teil ihrer Alltagssprache. Für die folgende Sprechergeneration verliert es jedoch schon wieder an Reiz und Bedeutung und spielt daher in ihrer Umgangssprache so gut wie keine Rolle mehr. Kurzdeutsch wäre damit am Ende doch nur eine Generationensprache.

Szenario III: Vici

Kommen wir zum dritten und letzten Szenario, das ich persönlich für das wahrscheinlichste halte: die Einsozialisierung in die deutsche Umgangssprache.

Der etwas sperrige Fachbegriff »Einsozialisierung« bedeutet, dass sich eine sprachliche Eigenheit – welcher Art auch immer – dauerhaft in die Umgangssprache einnistet und von vielen Sprechern gewohnheitsmäßig angewandt wird. Genau das könnte meiner Meinung nach mit dem Kurzdeutsch oder zumindest mit Teilen davon passieren.

In meiner Doktorarbeit habe ich mich für meine Prognose auf die Region Berlin beschränkt. Dank eines umfassenderen und stärker überregionalen Datenmaterials gehe ich mittlerweile aber von einem deutschlandweiten Trend aus.

So unterschiedlich unsere Stadtsprachen auf den ersten Blick auch sein mögen, weisen sie doch viele Gemeinsamkeiten auf. Beispielsweise zeigen alle einen Hang zur Verkürzung und inzwischen auch deutliche Spuren, die auf das multiethnische Zusammenleben zurückzuführen sind. Beides haben wir in diesem Buch bereits ausführlich besprochen. Die Folge davon ist, dass es für keinen Stadtsprecher etwas Neues ist, in einer reduzierten Grammatik zu kommunizieren.

Erinnern wir uns an die drei Männer, die ich am S-Bahn-Fahrstuhl belauscht habe (vgl. S. 31): Hier wurden problemlos »alte« und »neue« Stadtsprache gemischt, in diesem Fall das Berlinerische mit dem Kurzdeutsch.

Ein ähnliches Beispiel finden wir auch im folgenden Dialog, der uns einmal mehr zeigt, dass das Mixen keine Seltenheit, sondern bereits Alltag ist:

Die vier Schüler aus Berlin-Hohenschönhausen lümmeln auf den Sofas in der Pausenhalle und versuchen sich gegenseitig mit vermeintlichen Heldengeschichten zu übertrumpfen und zu beeindrucken. Dabei setzen sie Berlinerisch, Jugendsprache und Kurzdeutsch mit einer Selbstverständlichkeit gleichberechtigt und gleichzeitig ein, wie ich es bis dahin noch nicht erlebt hatte.

Rodney: Da war so geile Mucke, Mann. Ick jump* da so hin und fliBlieg voll auf die Fresse, Mann. Voll geil.

Steven: Haste dir wat jetan?

Rodney: Nee, aber der Jump war echt einmalig!

Ben: Ihr hättet mich mal sehen müssen, als ick bei meinen Großeltern war.

* Das Wort »jump« wird hier als jugendsprachlicher Anglizismus für »springen« verwendet.

Steven: Warste bei Oma und Opa? Watn passiert? Biste über die Katze jefall'n?

Marco: Nun kack do' nich glei' rum, Mann.

Ben: Also: Ick war Großeltern, da kommt voll die fette Ratte Regentonne. Ick seh dit und geh Schuppen. Dort hab ick mir 'nen Riesenspaten genommen und uff die Ratte einjedroschen. War total Matsch. Mein Opa war voll stolz, Mann. Er ist mit mir Sparkasse gegangen und hat mir Kohle jezockt.

Steven: Erzähl kein' Scheiß, Mann, wie geil ist das denn?

Derlei spannende Mischungen – sei es in Bochum, Schwerin oder Koblenz – könnten in Zukunft zur deutschen Umgangssprache gehören. Gleichwohl dürfte man auch weiterhin die jeweiligen Teileelemente, also einerseits die urbane Varietät, andererseits das Kurzdeutsch, stets erkennen können.

Selbstverständlich gibt es nach wie vor nicht wenige, die sich über das Kurzdeutsch lustig machen oder es kulturpessimistisch für eine Verirrung und Verhunzung der deutschen Sprache halten. Immerhin aber konnte ich in der Studie an den Schulen nachweisen, dass auch schon einige der Pädagogen kurzdeutsche Elemente wie die Kontraktionsvermeidung in ihre Sprache aufgenommen haben – vermutlich, ohne sich dessen bewusst zu sein. So tragen sie dazu bei, dem neuen Sprachstil den Weg in die Mitte unserer Gesellschaft zu ebnen. Beispielsweise hielt ich mich an einer Schule vorübergehend im Lehrerzimmer auf, weil gerade keine Beobachtungsklasse frei war. Während ich am Tisch meine Zeitung las, hörte ich folgendes Gespräch zwischen zwei Lehrerinnen mit:

Lehrerin 1: Dann sehen wir uns gar nicht mehr.

Lehrerin 2: Nein.

Lehrerin 1: Welches Kino geht ihr denn?

Lehrerin 2: Wir gehen Titanium.

Auch der Rektor einer anderen Schule berichtete mir, dass viele seiner Kollegen mittlerweile »so« sprächen. Zuerst hätten sie sich über den Sprachstil amüsiert und ihre Schützlinge nachgeäfft, irgendwann aber sei er »wie von selbst« in den Sprachgebrauch der Lehrer übergegangen.

Der Verbreitungsprozess von Kurzdeutsch könnte also in ähnlicher Weise verlaufen wie der, den wir im Kapitel Jugendsprache kennengelernt haben. Die Gesellschaft nimmt den vermeintlich jugendsprachlichen Stil an, was dessen Akzeptanz erhöht und dazu führt, dass sich immer mehr Sprecher daran gewöhnen. Ebenso könnten die heute größtenteils noch jugendlichen Sprecher, die in absehbarer Zeit in ihrer Ausbildung und im Erwerbsleben stehen, das Kurzdeutsch weiternutzen und in ihrem Lebensumfeld verbreiten.

Einzelne Phänomene wie etwa die Kontraktionsvermeidung würden nach und nach von immer mehr Sprechern immer selbstverständlicher verwendet, angefangen bei denen, die mit Kindern und Jugendlichen arbeiten, über Multiplikatoren in den Medien bis schließlich hin zu Menschen jeden Alters und Bildungsgrads.

Voraussichtlich wird man aber nicht ständig und überall Kurzdeutsch zu hören bekommen. Vielmehr dürften sich lediglich bestimmte kontextabhängige Formeln bilden, die eher mit dem »Bist du auf Arbeit?« aus Berlin oder dem schon gängigen »Ich hab Rücken« vergleichbar sind. Schließlich werden es vor allem Erwachsene sein, die die weitere Rolle des Kurzdeutschs bestimmen. Ihre Lebenswelt ist naturgemäß eine andere als die der Jugendlichen, und logischerweise dient der kurze Sprachstil bei ihnen nicht mehr dazu, sich abzugrenzen, die eigene Identität auszudrücken oder seinen Status in der Gruppe zu behaupten. Dementsprechend werden sich Erwachsene das Kurzdeutsch für ihre alltägliche Kommunikation »zurechtstutzen« und an ihre Lebensumstände anpassen.

Letztlich wissen wir nicht, welches der drei Szenarien der Wirklichkeit am nächsten kommen wird. Meine Vermutung über die Wahrscheinlichkeiten habe ich bereits kundgetan. Am Ende wird jedoch unser jetziges Verhalten mitentscheiden, welche dieser Wahrscheinlichkeiten Realität wird – gestalten wir doch alle, jede und jeder Einzelne von uns, tagtäglich die weitere Entwicklung der deutschen Sprache mit. Es bleibt in jedem Fall spannend.

Fazit

Panta rhei – alles fließt. Dieser aus dem antiken Griechenland stammende Aphorismus bietet sich wunderbar für ein Fazit zum Thema Kurzdeutsch an. Unsere Sprache wandelt sich aktuell, hat sich schon immer gewandelt und wird sich auch weiterhin wandeln. Sie drückt aus, wer wir sind, wo wir herkommen und sogar, wo wir hinwollen. So wie wir niemals zweimal in denselben Fluss steigen können, so können wir auch nicht zweimal in derselben Kommunikationssituation stehen. Irgendeine Kleinigkeit ist immer anders als beim letzten Mal. Allein durch die unzähligen täglichen sozialen Interaktionen, für die wir in viele unterschiedliche Rollen schlüpfen, kann Sprache niemals statisch sein.

Paul, der morgens nie aus dem Bett kommt, Ali, der gerne schlichter tut, als er in Wirklichkeit ist, und Marcel, der absolute Außenseiter, versuchen, mit Hilfe des Kurzdeutschs einen Hauch von Abgeklärtheit zu vermitteln und wie jemand zu wirken, der sich nichts gefallen lässt. Weil es irgendwie cool ist, sprechen auch Romy, Sebastian und Juliane so. Frau Schneider, Frau Woll und Herr Richter hatten sich zuerst über diesen Sprachstil lustig gemacht, bis sie ihn selbst adaptierten. Herr Meyer von nebenan wird der Nächste sein, der »Ich geh mal schnell Briefkasten« sagt.

In meiner Studie, die die Grundlage für dieses Buch bildet, konnte ich nicht nur endlich viele in der Gesellschaft herumgeisternde Phänomene unter einem passenden Begriff zusammenfassen, sondern gleichzeitig nachweisen, dass es auch bei diesem Stil in erster Linie um Dazugehören und Abgrenzen geht.

Stadtsprachen und Fremdsprachen, darunter besonders das Türkische, gaben den Impuls zur Schaffung eines Gesamtphänomens: Kurzdeutsch. Das hat vor allem über die Jugendsprache und mediale Multiplikatoren einen regelrechten Kultstatus im deutschsprachigen Raum erlangt.

Es gibt Dinge, die ändern sich nie: beispielsweise die Bevorzugung blonder Frauen oder das Patentrezept eines Weltgetränkeherstellers. Und es gibt Dinge, die ändern sich ständig, weil sie leben und wachsen. So wie die deutsche Sprache und mit ihr das Kurzdeutsch, das uns in den kommenden Jahren noch viele Überraschungsmomente bescheren wird.

Glossar

Code-Switching: Wechsel der Sprache innerhalb des Gesagten. Innerhalb der Rede wird ein Teil in der einen, ein anderer Teil in einer anderen Sprache hervorgebracht.

Dialekte: Variationen der Standardsprache, die innerhalb
einer bestimmten Region gesprochen werden. Beispiele
sind das Fränkische oder das Schwäbische.

Feldforschung: bezeichnet wissenschaftliche Methoden, die
ihre Daten in natürlichen Situationen erheben. Feldforschung ist z. B. der Besuch eines Supermarkts mit dem
Ziel, das Verhalten der verschiedenen Kunden zu beobachten. Das Gegenteil von Feldforschung sind Versuche
in Laboren oder künstlich geschaffenen Situationen.

Interferenz: entsteht dann, wenn ein Sprecher die Strukturen
der einen Sprache (z. B. Grammatik) auf die andere Sprache überträgt, obwohl beide unterschiedlich sind.

Jargon: all das, was nicht genug typische Sprachmerkmale
aufweist, um eine eigene Varietät zu sein. Bekannter ist
wahrscheinlich das englische Wort »Slang«. Ein Jargon
wird von einer klar definierten Gruppe in einem bestimmten Kontext gesprochen, z. B. von Polizisten während der
Arbeit.

Kiezdeutsch: ein von der Potsdamer Sprachforscherin Hei-
ke Wiese im Jahr 2009 geprägter Begriff, der die Sprache
von Jugendlichen der dritten Einwanderergeneration beschreibt. Er sollte vermutlich die Bezeichnung »Ethno-

lekt« ablösen, ist m. E. jedoch kritisch zu sehen, da die Bezeichnung »Kiez« in verschiedenen urbanen Ballungsgebieten unterschiedlich konnotiert ist. In Berlin meint »Kiez« etwas vollkommen anderes als in Hamburg.

Kontaktphänomen: Bezeichnung für Gegebenheiten, die auftreten, wenn zwei unterschiedliche (soziale) Gruppen aufeinandertreffen. Im Bereich der Sprache bilden sich Sprachkontaktphänomene wie Mischsprachen, Pidgin etc.

Kontraktionsvermeidung: ein Begriff, den ich einführe, um das Weglassen von Präposition und Artikel in einem Satz zu beschreiben. Die Kontraktionsvermeidung stellt für mich das markanteste Merkmal des sogenannten Kurzdeutschs dar und ist der Schlüssel zu meiner gesamten Forschungstätigkeit.

Kurzdeutsch: ein von mir geprägter Begriff in Reaktion auf die Defizite und Kritikpunkte der Bezeichnungen »Kiezdeutsch« und »Ethnolekt«. Gedacht als Generalbegriff für das Sprechen mit verkürzter Grammatik.

Phänomen: im Kontext dieses Buchs eine sprachliche Auffälligkeit, etwa eine bestimmte Aussprache oder ein Aspekt der Grammatik.

Prosodie: bezeichnet zusammenfassend die Eigenschaften Betonung, Schnelligkeit, Wort- und Satzakzent und Rhythmus von etwas Gesagtem.

Sprachwandel: beschreibt eine meist dauerhafte Veränderung in der Umgangssprache oder in einer Varietät. Ein Kerngebiet der Soziolinguistik.

Stadtsprache: die Umgangssprache, die in urbanen Gebieten gesprochen wird. Sie kann auch eine Varietät sein, muss es aber nicht.

Stil: die Art, wie jemand spricht. Einem Sprecher können mehrere Stile zur Verfügung stehen, die er in unterschiedlichen Situationen einsetzt, etwa ein Straßenstil (»Alter, was geht?«).

Suffix: Nachsilbe oder Anhang an einen Wortstamm, der dessen Bedeutung verändert.

Variation/Varianten: eine Abweichung von dem normalen Sprachgebrauch, z. B. statt »das« dit, ditte, det, dette, dis, dat.

Varietät: Oberbegriff für alles, was mit »-lekt« endet. Beispiele sind Dialekte, Soziolekte oder Ethnolekte. Das Sächsische ist also eine Varietät des Deutschen, genau wie das Bayerische und das Rheinische.

Dank

Dieses Buch gäbe es nicht ohne die vielen Menschen, die mich immer wieder inspiriert und motiviert haben. Diesen sei hiermit mein tiefster Dank ausgesprochen.

Besonderer Dank gilt:

Karl Maroldt und Hue San Do dafür, dass Linguistik nicht nur ein komisches Fremdwort für mich geblieben ist.

Peter Erdmann und Annick Trellu für die liebevolle Betreuung und Unterstützung bei der Doktorarbeit.

Gülrucan Toy und Julia Krautstengel für das akribische Lektorat.

Der Körber-Stiftung und dem Deutschen Studienpreis, insbesondere Friederike Schneider und Matthias Mayer, dafür, dass meine Arbeit nicht nur in der Bibliothek verschwunden ist.

Martin Wehrle und Thomas Montasser für ihre Begeisterungsfähigkeit und ihre gute Vernetzung.

Ludger Ikas samt Team für seinen unermüdlichen Glauben an die Struktur und seine Coolness.

Rita Fiedler und Yvonne Lüdke fürs Stolzsein.